故宫博物院
THE PALACE MUSEUM

浙江省博物館
ZHEJIANG PROVINCIAL MUSEUM

THE PALACE MUSEUM'S "TEA WORLD"
TEA CULTURE FINE RELICS EXHIBITION CATALOG

『故宫·茶世界』茶文化精品文物展图录

觀茶

CHINA

浙江省博物馆
故宫博物院
编

西泠印社出版社

编辑委员会

展览项目组

前言

陈寅恪先生有云："华夏民族之文化，历数千载之演进，造极于赵宋之世。后渐衰微，终必复振。"茶文化亦然。

宋代，茶事极盛，琴棋书画诗酒花茶成就宋式生活美学。杭州，这座南宋都城，宛如一颗璀璨明珠，在宋式美学的浩瀚星空中熠熠生辉。那时的茶，不仅是一种饮品，更是一种生活态度，一种对美的极致追求。

元明以降，都城北迁。饮茶方式由点茶法转为泡茶法。这一转变，如同历史巨轮的一次转向，人们的生活方式和生活美学也随之发生了深刻的变革。清代宫廷，作为中国历史上唯一一个有贡茶实物传世的所在，引领茶文化再度兴盛，不过随着近代大幕的拉开，茶文化一度消沉。

如今，中国茶所引领的美学生活悄然回归人们的视野。茶文化，这一承载着千年历史与智慧的瑰宝，在历经岁月的洗礼后，再次焕发出新的生机。在历史的无尽轮回中，何为永恒？是茶中蕴含的淡泊与宁静，还是人类对美好生活的不懈追求？壶里乾坤大，杯中日月长。让我们共同轻捧一杯茶香，开启新时代的美好生活。

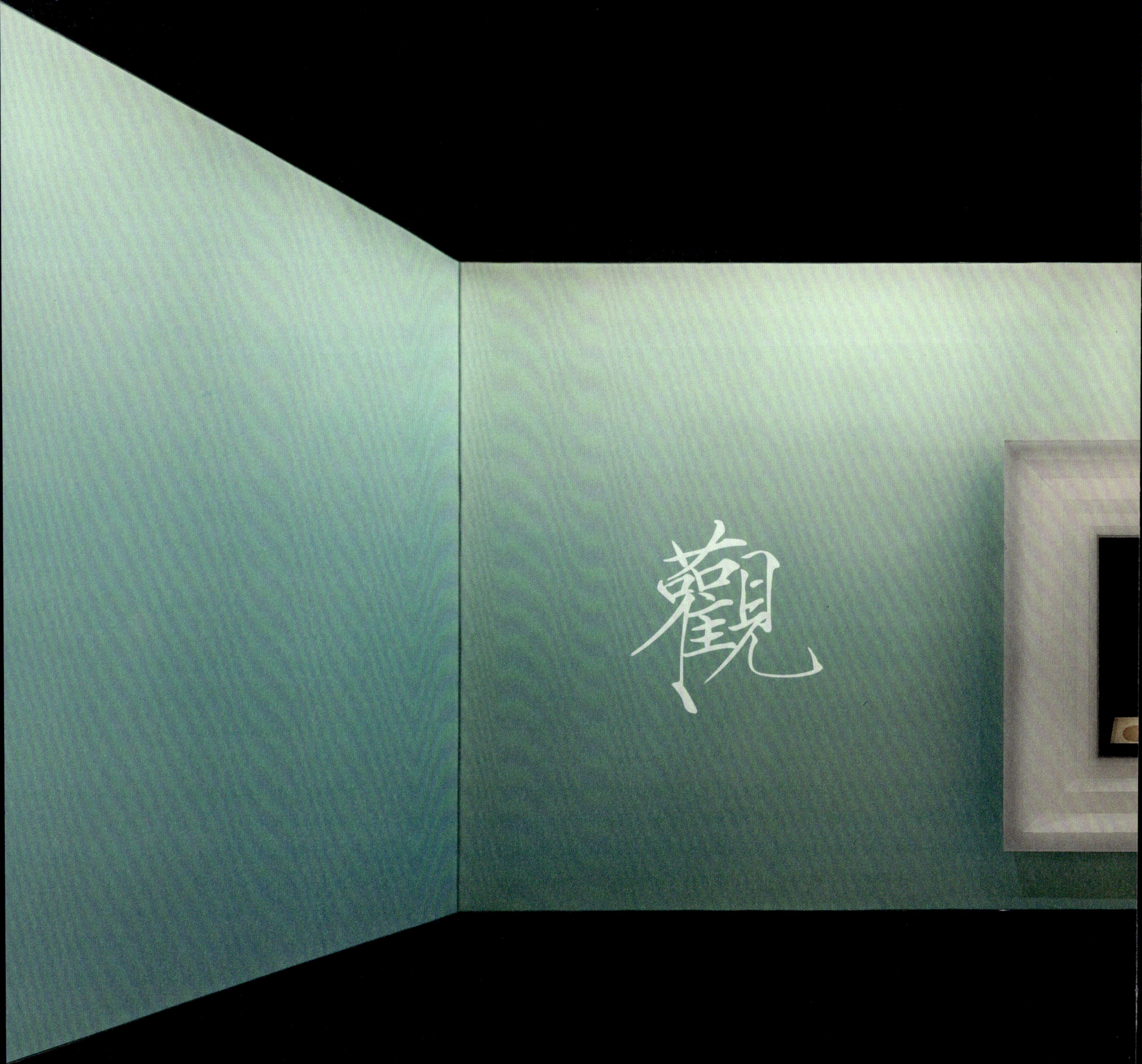
觀

茶

茶 起 源 于 中 国
盛 行 于 世 界

Tea

Originated In China

And Later Flourished Around

The World

觀

茶

序章

Guan 观

茶者，南方之嘉木也……

其名，一曰茶，二曰槚，三曰蔎，四曰茗，五曰荈。

——陆羽《茶经》

茶之尚，盖自唐人始，至本朝为盛，

而本朝又至祐陵时益穷极新出，而无以加矣。

——蔡絛《铁围山丛谈》

贤王列座赐酥茶，中外熙和久一家。

——乾隆《即景灯词八首》

001

赵佶枇杷山鸟页

宋

纵 22.6 厘米　横 24.5 厘米

故宫博物院藏

是图原为《四朝选藻册》中一开，著录于《石渠宝笈续编》。以水墨渲染绘写，不施丹青，但是自有一种生动之气。从左下方向右上斜向而出的两枝枇杷，果实累累，树叶多作蠹蛀之状，一山雀栖于枝上，扭头凝望翩翩飞舞的蝴蝶，形神兼备，呼之欲出，气韵生动，格调高雅。此图纯以水墨勾染而成，几乎没有勾线的痕迹，略似没骨画效果，别具一种苍劲细腻之韵致。

本幅款押“天下一人”。钤“御书”朱文葫芦形印一方。裱边题签：“宋宣和枇杷山鸟”。对开有清乾隆御题诗一首：“结实圆而椭，枇杷因以名。徒传象厥体，奚必问其声。鸟自托形稳，蝶还翻影轻。宣和工位置，何事失东京。”感慨宋徽宗如此精于绘画，工于构图和经营位置，缘何却把东京（开封）丢失了？

（鲁颖）

結實圓而
楕枇杷因以名
徒傳象厥體奚必
問其聲鳥自紙形
穩蝶逐翻影輕宣
和工位置何事
失東京

宋宣和枇杷山鳥

宋宣和枇杷山鳥

002

宋人绘花卉图页

宋

纵 24.5 厘米　横 25.4 厘米

故宫博物院藏

图中花卉呈现出含苞待放、半开、盛放的不同情态，应为夜合花。最外层花瓣用绿色染，内层以白粉晕染，花叶用中锋细笔勾轮廓和叶筋后染以花青和石绿，枝干用赭色精细勾描，笔法精工细致，包括叶之斑驳虫蚀亦皆刻画得细致生动。《全芳备祖》记“其叶至暮而合，一名合昏”，“夜合”之名因此而来。

本幅无画家款印。钤“明安国玩”、“大观”（半印）二方鉴藏印。

（胥瑞甸）

003

赵佶楷书闰中秋月诗帖

宋

纵 35.0 厘米　横 44.5 厘米

故宫博物院藏

此帖为宋徽宗赵佶所书赏月七律一首，作于大观四年（1110），宋徽宗时年二十九岁。全帖以瘦金体写就，纤挺筋劲，舒朗秀逸，诗书互应间意趣盎然，为赵佶瘦金体成熟期的典型作品。此帖曾经清宋荦、乾隆内府、嘉庆内府等收藏，著录于《装馀偶记》《石渠宝笈初编》。

（杨帆）

萬象斂光增浩蕩四溟收
夜助嬋娟鱗雲清廓心
田豫兼興能無賦詠篇

宋徽宗

閏中秋月

桂彩中秋特地圓，況當餘
閏魄澄鮮。因懷勝賞初
經月，免使詩人嘆滿年。

萬象斂光增浩蕩四溟收
夜助嬋娟鱗雲清廓心
田豫乘興能無賦詠篇

宋徽宗

閏中秋月

桂彩中秋特地圓况當餘
閏魄澄鮮因懷勝賞初
經月免使詩人嘆隔年

觀茶

第一章

Cha 茶
宋清贡茶

“任土作贡”是古代各地依据出产定期进奉中央的制度，地方进贡的茶即为“贡茶”。宋、清宫廷均有丰富的贡茶，宋代贡茶地区有三十余州郡，清代宫廷档案详细记录了各地贡茶的品种和数量等内容。

贡茶与管理

清代各地方贡茶种类有近百种之多，通过档案中不同时期《各省督抚所进土物数目清单》的记载，可知各时期贡茶种类与数量均有所不同。清代的贡茶制度在保障地方稳定为宫廷提供茶叶的同时，也构建起皇帝与地方间进行交流的一种政治途径，从而使贡茶制度在这一时期有着较前代更为深远的政治内涵。

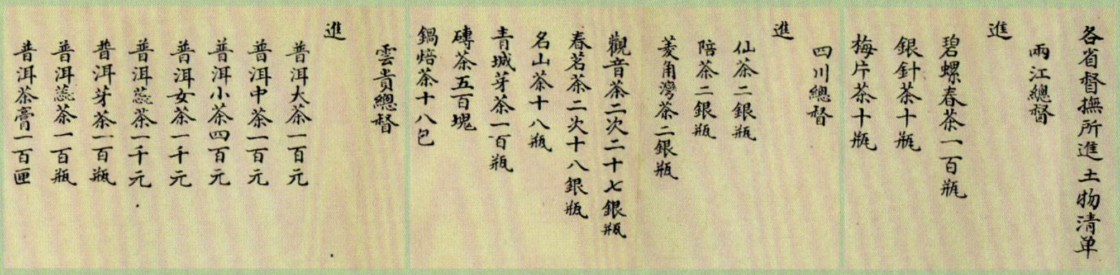
各省督撫所進土物清单
兩江總督
進
碧螺春茶一百瓶
銀針茶十瓶
梅片茶十瓶
四川總督
進
仙茶二銀瓶
陪茶二銀瓶
菱角灣茶二銀瓶
觀音茶二次二十七銀瓶
春茗茶二次十八銀瓶
名山茶十八瓶
青城芽茶一百瓶
磚茶五百塊
鍋焙茶十八包
雲貴總督
進
普洱大茶一百元
普洱中茶一百元
普洱小茶四百元
普洱女茶一千元
普洱蕊茶一千元
普洱芽茶一百瓶
普洱蕊茶一百瓶
普洱茶膏一百匣

《各省督抚所进土物数目清单》有关贡茶的记载，乾隆五十七年（1792）

序号	清代贡茶地点	现代区划	主要贡茶种类
1	宜兴县	江苏省宜兴市	阳羡茶
2	苏州府	江苏省苏州市	碧螺春
3	杭州府	浙江省杭州市	龙井茶
4	绍兴府	浙江省绍兴市	黄茶
5	普陀山地区	浙江省舟山市普陀区	紫竹灵山茶
6	六安州	安徽省六安市	六安茶（银针茶、雀舌茶、梅片茶）
7	徽州府	安徽省黄山市	松萝茶
8	宁国府	安徽省宣城市	松萝茶
9	武夷山	福建省南平市	武夷茶（小种花香、岩顶花香、花香等）
10	仙游县	福建省仙游县	郑宅茶
11	赣州府	江西省赣州市	储茶、岕茶、茶砖
12	安远县	江西省安远县	安远茶
13	庐山地区	江西省庐山市	庐山茶
14	武昌府	湖北省咸宁市	通山茶
15	安化县	湖南省安化县	安化茶
16	巴陵县	湖南省岳阳市	君山茶
17	以雅安为中心的蒙山地区	四川省雅安市	仙茶、陪茶、菱角湾茶、名山茶、春茗茶、观音茶
18	邛州府	四川省邛崃市	邛州茶砖、锅焙茶
19	青城山地区	四川省青城山	青城芽茶、陪茶、灌县细茶
20	贵阳府	贵州省黔南州	贵定芽茶、龙里芽茶
21	湄潭县	贵州省湄潭县	湄潭芽茶
22	普洱府	云南省普洱市	普洱茶
23	紫阳县	陕西省紫阳县	紫阳茶
24	同州府	陕西省大荔县	吉利茶

004

龙井芽茶

清

高 17.5 厘米　长 10.5 厘米　宽 10.5 厘米

故宫博物院藏

龙井位于浙江省杭州市风篁岭，著名“西湖龙井”茶产地之一。龙井茶不仅历史悠久，而且具有色绿、香郁、味甘、形美等特点，因而深受皇家喜爱，是宫中夏季常用的消暑茶。如乾隆帝御制文《玉泉山竹垆山房记》载:“古之人冬日则饮汤，夏日则饮水……北苑、荆溪、龙井、天目别其地，踵事增华，议论滋繁，解渴悦性之道，逝其远矣。”记载中，乾隆帝通过“解渴悦性”来说明龙井茶的消暑功效，通过“别其地”来体现对龙井茶的偏爱。

（滕德永）

005

人参茶膏

清

高 10.5 厘米　口径 5.0 厘米　足径 5.0 厘米

故宫博物院藏

茶膏是茶叶的再生加工产品。人参茶膏是指在加工过程中加入了人参制成的茶膏。此人参茶膏为瓷罐包装，外以黄缎包裹，且有“人参茶膏”的字样。罐内茶膏为长方形，上印有“人参膏”的标识。从茶膏使用的茶叶类型上看，应该为黑茶类茶叶。（滕德永）

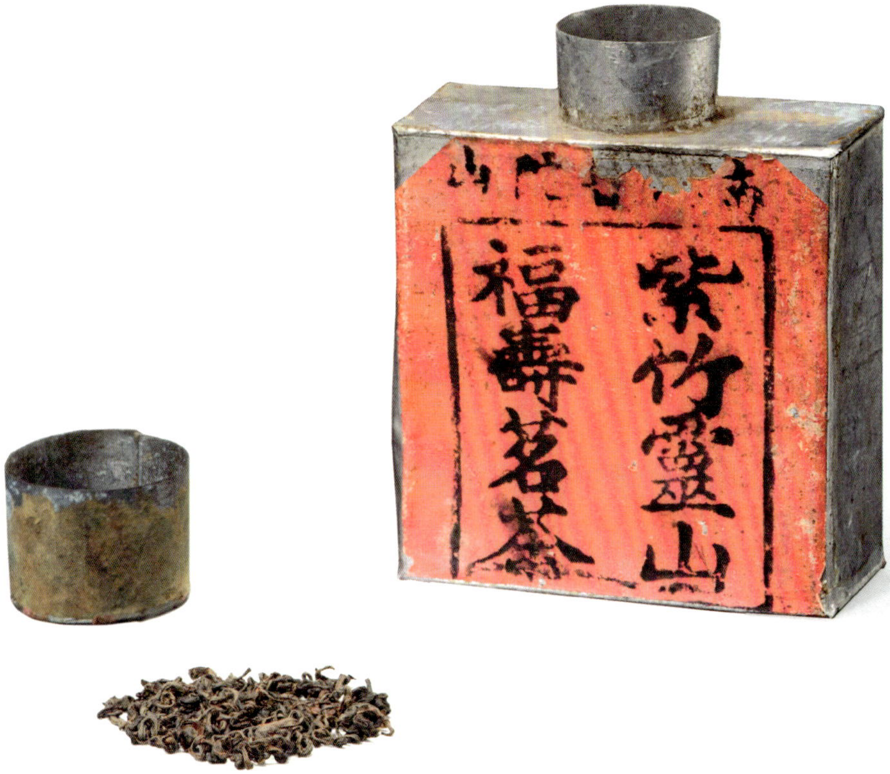

006

灵山茗茶

清

高 11.0 厘米　长 8.8 厘米　宽 3.8 厘米

故宫博物院藏

产地为浙江省舟山市普陀山。以锡罐盛放，上贴有红色标签，并有“紫竹灵山 福寿茗茶”的字样。罐内茶叶满，茶叶微卷，细嫩均匀。

（滕德永）

紫竹靈山
福壽茗茶

007

阳羡茶

清

高 17 厘米　长 20 厘米　宽 20 厘米

故宫博物院藏

阳羡茶产自江苏省宜兴市，是我国传统名茶之一。自唐至清，阳羡茶均作为贡茶进入宫廷。清代，阳羡茶大量进入宫廷。如乾隆十七年（1752）四月二十八日，江苏巡抚庄有恭进阳羡茶八十瓶；乾隆二十五年（1760）四月二十六日，江苏巡抚革职留任陈弘谋进阳羡茶一百瓶。

（滕德永）

008

碧螺春茶

清

高 17.5 厘米　长 23.0 厘米　宽 11.5 厘米

故宫博物院藏

碧螺春是中国传统名茶、中国十大名茶之一。产于太湖的东洞庭山及西洞庭山（今江苏省苏州市吴中区）一带，故又称“洞庭碧螺春”。其历史悠久，唐朝时就被列为贡品。“碧螺春”这一名称与康熙皇帝有关。康熙三十八年（1699）春，康熙帝南巡到太湖地区，喝到此茶，因其原名为“吓煞人香”不雅，便定名“碧螺春”。此后，碧螺春成为贡品。其干茶条索紧结，白毫显露，色泽银绿，翠碧诱人，卷曲成螺，冲泡后杯中芽叶翻滚，清香袭人。

（许静）

009

安远茶

清

高 26.0 厘米　长 21.5 厘米　宽 7.5 厘米

故宫博物院藏

安远茶产自江西省安远县。安远茶自雍正五年（1727）开始进贡宫廷，一直持续到清末。据《安远县志》记载，安远主要的产茶区域为古亨山和九龙嶂。九龙嶂“山巅云雾蒸腾，观其聚散，以验晴雨……梵刹清幽。晒禾坪数亩地，雨液露膏，滋润独厚”。环境条件优异，才能产此好茶。

（许静）

安遠茶

010

春茗茶

清

罐高 15.5 厘米　长 9.0 厘米　宽 9.0 厘米

匣高 29.0 厘米　长 30.0 厘米　宽 13.0 厘米

故宫博物院藏

春茗茶产自四川雅州府名山县（今四川省雅安市名山区）蒙顶山。外为黄色带提手木盒，正面有“春茗茶”标识。匣内为黄色衬布。有茶叶罐二，梯形，上宽下窄，上有明黄色封签，签上有“春茗茶”标识。

（许静）

011

工夫花香茶

清

纸盒通高 11.0 厘米　长 30.5 厘米　宽 18.0 厘米

故宫博物院藏

工夫花香茶是清代的一种特色贡茶。产于福建省武夷山地区，与武夷茶、小种花香茶等都属于当地特色茶类。这种茶在制作上可能融合了工夫红茶的工艺以及独特的花香培育手法，形成了独特的品质与风味。

（许静）

012

贵定芽茶

清

高 16.0 厘米　长 14.5 厘米　宽 8.0 厘米

故宫博物院藏

产地贵州贵阳府贵定县（今贵州省黔南州贵定县）。在清代，贵定芽茶是当地主要的贡茶品类。这罐贵定芽茶属于炒青类绿茶，正面有残缺的黄条，依稀可见“重”“十五两”等字样，应该是茶叶的重量。

（万秀锋）

013

吉利茶

清

高 24.5 厘米　长 22.0 厘米　宽 6.5 厘米

故宫博物院藏

吉利茶产自陕西同州府（今陕西省大荔县），为陕西重要的贡茶品类。如乾隆三十六年（1771）十一月七日，陕西巡抚勒尔谨进吉利茶九瓶。在一些档案中，也将“吉利茶”写为“蒺藜茶”。此茶叶罐为方形锡盒茶叶罐，外附黄绢包裹，正面有红色龙纹。

（万秀锋）

014

通山茶

清

高 27.0 厘米　长 21.0 厘米　宽 6.5 厘米

故宫博物院藏

通山茶产自湖北省通山县，为湖北传统贡茶。清代，通山茶是湖北最重要的贡茶品类之一。如乾隆五十一年（1786），湖广总督特成额进通山茶五箱，计五十瓶。此通山茶为方形锡罐，盖及领肩有明黄色剪纸封签。盒内茶叶满罐，茶叶微卷。

（万秀锋）

015

小种花香茶

清

罐高 19 厘米　直径 17 厘米

纸盒高 20 厘米　长 23 厘米　宽 23 厘米

故宫博物院藏

小种花香茶产自福建省武夷山区，为武夷岩茶中的上品，因茶有花香味而得名。此茶外形条粗大，略有弯曲，体质轻松，颜色青褐色而有油光，质量上乘。

（万秀锋）

小種花香

小種花香

016

龙井茶

清

罐高 6.8 厘米　长 9.5 厘米　宽 4.7 厘米

匣高 10.5 厘米　长 21.0 厘米　宽 20.5 厘米

故宫博物院藏

龙井茶产自浙江省杭州市，是我国著名的茶叶品类之一。清代，龙井茶作为重要的贡茶品种很受宫廷重视，每年都会有大量的龙井茶进贡，乾隆皇帝也有数十首关于龙井茶的诗歌存世。

（王宜若）

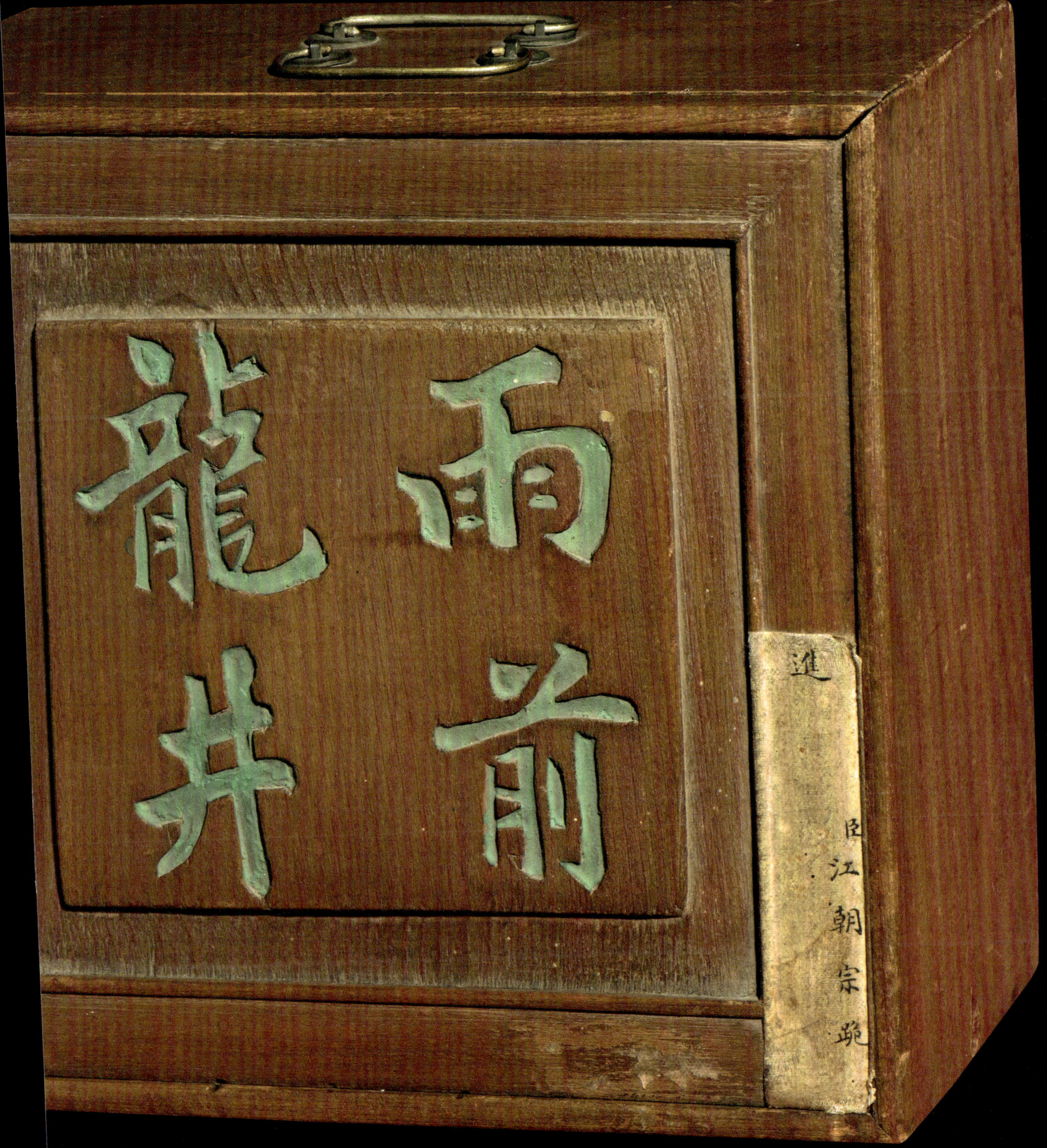
雨前
龍井
進
臣江朝宗跪

北苑贡茶

宋代是茶文化发展的鼎盛期。从宗室贵族、儒雅学士到市井民间，茶成为各阶层通行的饮品。宋人对茶饮的艺术化追求，使得品茗与文艺完美融合，继而呈现出雅俗共赏、兼容并蓄的茶文化大观。

宋太宗太平兴国年间，宋贡焙改置建州（今福建省建瓯市）北苑，建茶遂成为贡茶的主要品种。自此，建州北苑便成为全国生产贡茶的主要基地。北苑最初生产蜡面贡茶，后经丁谓、蔡襄相继任福建路转运使期间，创制了大、小龙凤茶上贡。

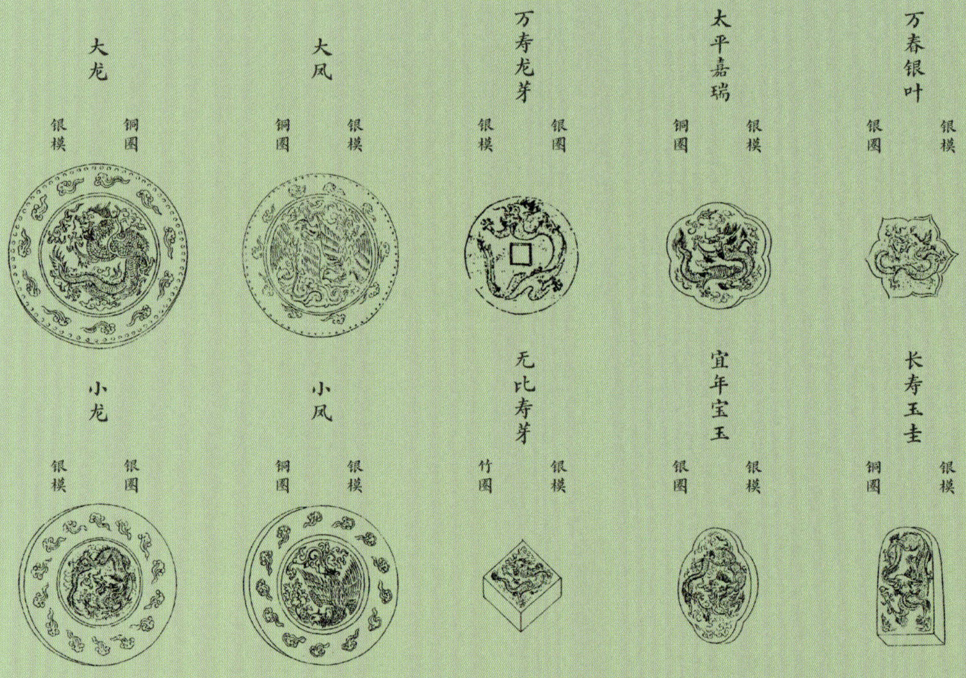

熊蕃《宣和北苑贡茶录》描绘的贡茶

历代宫廷均有负责膳饮的管理机构。宋代宫廷设有储备茶事用品的“茶库”“内茶纸库”“内茶炭库”等，清代宫中亦设茶库、茶房等，专职管理与存储宫廷用茶，并配有相应的管理人员。康熙二十八年（1689）设茶库，隶属于内务府广储司。除了服务于皇帝的御茶膳房外，皇太后、皇后、皇子等居住的宫苑也设茶房。清宫茶库、茶房的相关遗存，可于细微处反映内廷对茶事的管理。

017

《大观茶论》

明

纵 25.5 厘米　横 16.6 厘米

故宫博物院藏

《大观茶论》为宋徽宗赵佶所著，是关于茶的论著。书中涵盖茶的产地、制作、品鉴等多方面内容。详细阐述了宋代的茶文化理念和技术，如对茶叶品质的要求、点茶的方法等。体现了宋徽宗对茶的热爱和对茶文化发展的推动，为研究宋代茶文化提供了重要的理论依据，是了解宋代茶事活动和茶文化内涵的关键文献资料。

（杨国彭）

大觀茶論

宋　徽宗

嘗謂首地而倒生所以供人求者其類不一穀粟之
于饑絲枲之于寒雖庸人孺子皆知常須而日用
不以時歲之舒迫而可以興廢也至若茶之爲物擅甌
閩之秀氣鍾山川之靈禀祛襟滌滯致清導和則非
庸人孺子可得而知矣中澹間潔韻高致静則非遑
遽之時可得而好尚矣本朝之興歲修建溪之貢龍
團鳳餅名冠天下而壑源之品亦自此而盛延及于

《梦溪笔谈》

清

纵 25.7 厘米　横 15.5 厘米

故宫博物院藏

《梦溪笔谈》是宋人沈括所著的一部综合性笔记体著作。卷十二官政部分对宋朝茶法有相关记载。包括对茶园、生产销售及税收管理等。

沈括（1031—1095），字存中，号梦溪丈人，杭州钱塘（今浙江省杭州市）人。北宋时期科学家、政治家。

（付壹强）

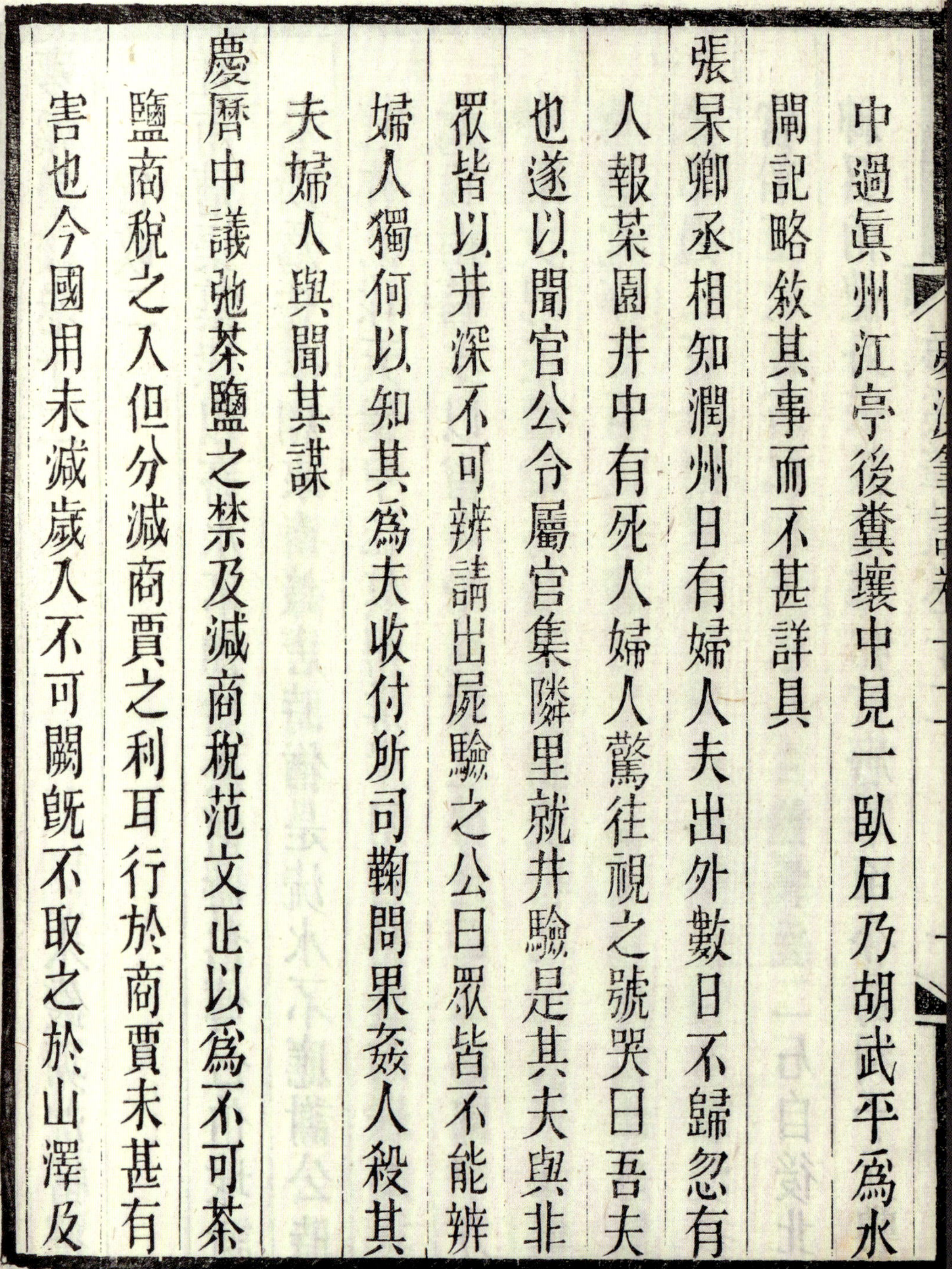
中過眞州江亭後糞壤中見一臥石乃胡武平爲水
閘記略敘其事而不甚詳具
張杲卿丞相知潤州日有婦人夫出外數日不歸忽有
人報菜園井中有死人婦人驚往視之號哭曰吾夫
也遂以聞官公令屬官集隣里就井驗是其夫與非
衆皆以井深不可辨請出屍驗之公曰衆皆不能辨
婦人獨何以知其爲夫收付所司鞫問果姦人殺其
夫婦人與聞其謀
慶曆中議弛茶鹽之禁及減商稅范文正以爲不可茶
鹽商稅之入但分減商賈之利耳行於商賈未甚有
害也今國用未減歲入不可闕既不取之於山澤及

夢溪筆談卷九

宋錢塘沈括撰

人事一

景德中，河北用兵，車駕欲幸澶淵，中外之論不一，獨寇忠愍贊成上意。乘輿方渡河，虜騎充斥，至於城下，人情恟恟。上使人微覘準所爲，而準方酣寢於中書，鼻息如雷。人以其一時鎮物，比之謝安。

武昌張諤好學，能議論，常自約：仕至縣令則致仕而歸。後登進士第，除中允。諤於所居營一舍，榜爲中允亭，以誌素約也。後諤稍稍進用，數年間爲集賢校理，直舍人院，檢正中書五房公事，判司農寺，皆要官，權任漸重。無何坐事，奪數官，歸武昌，未幾捐館，遂終於太

019

《宋史》

清

纵 31 厘米　横 20 厘米

故宫博物院藏

《宋史 · 食货志》记载了宋代茶的经济制度。记录了茶的产地，如福建、浙江等地为主要产区，建安北苑产贡茶，还记述了茶的生产技术工艺。阐述了茶的专卖制度，有专门管理机构，介绍茶的收购、运输和销售流程，强调茶税地位的重要性，是财政收入的重要部分，说明了茶的征收方式（按产量、金额等）及税率调整等情况。

（杨国彭）

宋史卷一百八十二

元中書右丞相總裁脫脫等修

食貨志第一百三十五

食貨下四 鹽中

元豐七年知滄州趙瞻請自大名府澶恩信安雄霸瀛莫冀等州盡榷賣以增其利纔半歲獲息錢十有六萬七千緡哲宗即位監察御史王巖叟言河北二年以來新行鹽法所在價增一倍既奪商賈之利又增居民之價以爲息閭貧家至以鹽比藥伏惟河朔天下根本祖宗推此爲惠願陛下不以損民爲利而以益民爲利復

020

《国朝宫史》

清

纵 30 厘米　横 19 厘米

故宫博物院藏

乾隆七年（1742）鄂尔泰、张廷玉等奉敕编纂，后经蒋溥等校正、于敏中等帮同校录，于乾隆三十四年（1769）十二月告成，收入《四库全书》史部。全书分六门，卷十二属“宫殿”门类，记载内廷宫殿信息，包括建置、沿革及景物描绘，对研究明清宫廷建筑有重要史料价值。

（杨国彭）

象默見天地初感神在至誠寧俟灌鬯餘〇再南
為舊設自鳴鐘處
聖祖仁皇帝御筆扁曰敬天
御筆聯曰簾縈香篆齋心久座殷鐘聲問夜遥其
南東出者為　日精門門之南為
御藥房
聖祖仁皇帝御筆扁曰藥房曰壽世再南一室奉
至聖先師及先賢先儒神位
御筆扁曰與天地參聯曰開洙泗心傳聖由天縱

天在愛民居貴可忘賤籌治誠契要勵人已敢倦時
豫允厚幸厚幸蓋兢戰庶幾奉
前猷億載皇清奠〇宮之東廡內臣直廬三楹
聖祖仁皇帝御筆扁曰御茶房稍南為
端凝殿
聖祖仁皇帝御筆扁曰執事
聖祖仁皇帝御製端凝殿齋居詩　肅肅羣籟屏裊
裊爐烟舒諏日躬禋祀濯祓臨齋居輝輝閣西日
流影照綺疏坐久微風來冷然吹衣裾齋心觀萬

021

紫檀木“长春宫寿茶房”印

清

高 5.4 厘米　长 5.5 厘米　宽 3.5 厘米

故宫博物院藏

此印以紫檀木制成，材质珍贵。印文“长春宫寿茶房”明确其所属特定场所。长春宫在清代宫廷中有重要地位，这枚印见证了宫廷特殊场所的管理与运作，为研究清代宫廷生活、礼仪制度等提供了实物依据。它也展现了当时精湛的雕刻工艺，体现了宫廷文化的独特魅力与奢华风貌。

（魏晨）

022

铜直柄钮“总管御饭房茶房之图记”

清

通高 12.0 厘米　钮高 10.3 厘米　印面长 9.8 厘米　宽 6.3 厘米

故宫博物院藏

此文物可反映出茶房在宫廷事务中的重要性以及与茶文化的紧密联系。另外，与之类似的清代宫廷印信还有“铁‘茶库’火印”“紫檀‘长春宫寿茶房’印”等。这些印信都是宫廷管理体系中不同部门或场所的标识印记，共同构成了对清代宫廷管理细节研究的重要物证。

（刘苒）

觀

茶

第二章

Jia 槚

八雅兼备

在宋代宫廷确立的崇文尚儒、清淡典雅的风气与审美取向的影响下，饮茶成为托物言志、陶冶性情和修养身心的雅事。宋人将日常茶饮与晋唐以来“琴棋书画诗酒花茶”的清雅风尚巧妙融合，丰富着茶事的文化内涵，成为后世向往的典范。

023

大圣遗音琴

唐

高 10.3 厘米　长 120.0 厘米　首宽 19.2 厘米　尾宽 13.5 厘米

故宫博物院藏

此琴为神农式，琴坯为桐木斫成，上糅鹿角灰胎，刷栗壳色漆，漆面之零星朱漆为后补，漆面发蛇腹间牛毛断纹。琴面嵌金徽十三枚。七枚栓弦之琴轸为玉质，琴轸上系丝弦七根经岳山、琴面、龙龈后栓于琴底青玉雁足之上，琴轸下系有琴穗七条。琴背之出音孔龙池、凤沼为圆形和长圆形。龙池内纳音隆起，腹内龙池之四角朱漆隶书“至德丙申”四字，龙池上方刻行草“大圣遗音”琴名，龙池两侧刻隶书琴铭：“巨壑迎秋，寒江印月。万籁悠悠，孤桐飒裂。”龙池下方刻篆文“包含”大印，均贴金漆。

大圣遗音琴是故宫博物院现藏四张唐琴中（九霄环佩、大圣遗音、玉玲珑、飞泉）唯一一张明清宫廷旧藏琴（其他三张均为 20 世纪 50 年代之后陆续入藏）。因此，大圣遗音琴在唐琴中有着特殊的意义。唐代诗人白居易晚年辞去刑部侍郎，赋闲东都时，曾作《琴茶》一诗，诗中有“琴里知闻唯渌水，茶中故旧是蒙山”之句，可见古琴与茶在古人心目中有着很多一致性的特征，二者文化渊源极深。

（刘国梁）

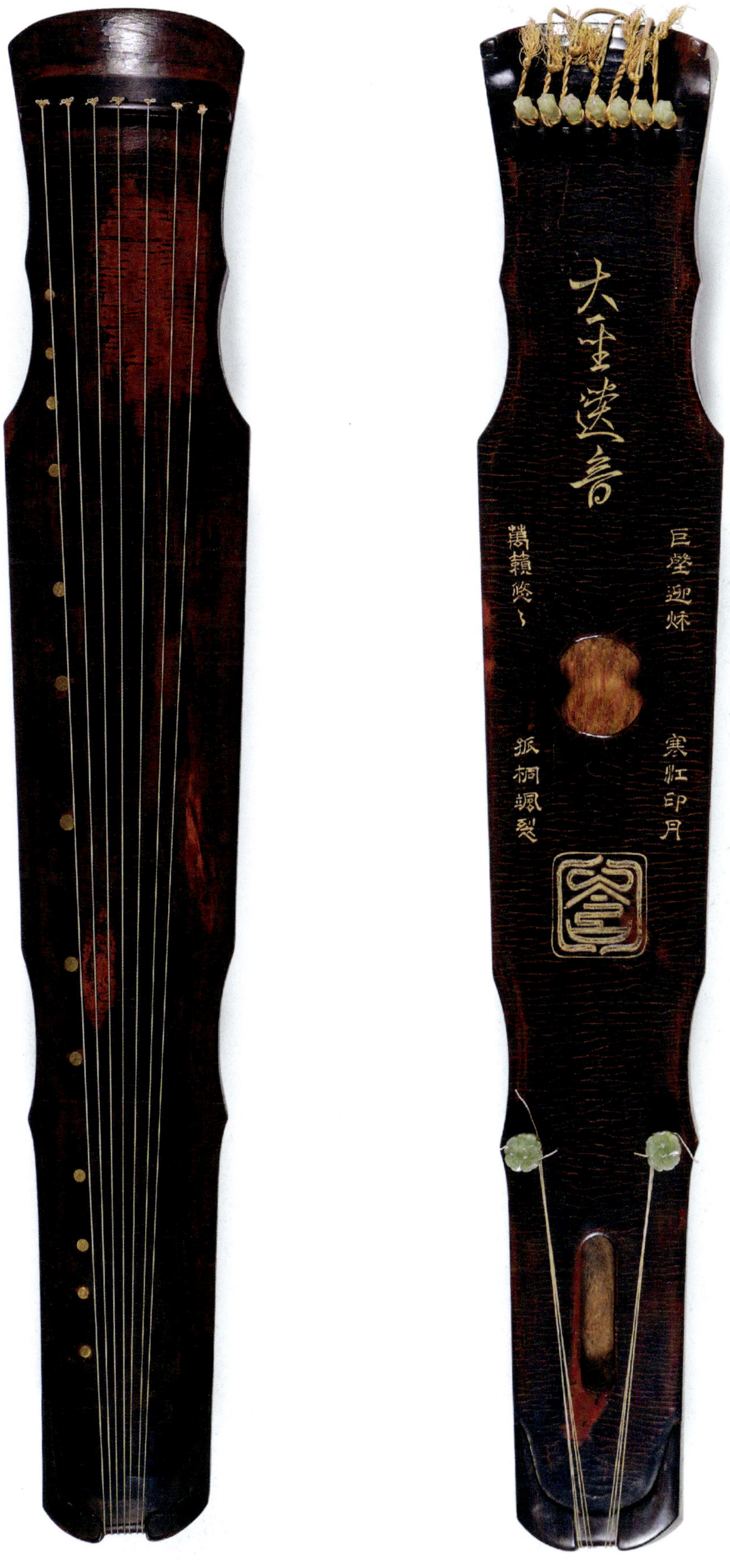
萬籟悠〻
巨壑迎秌
寒江印月

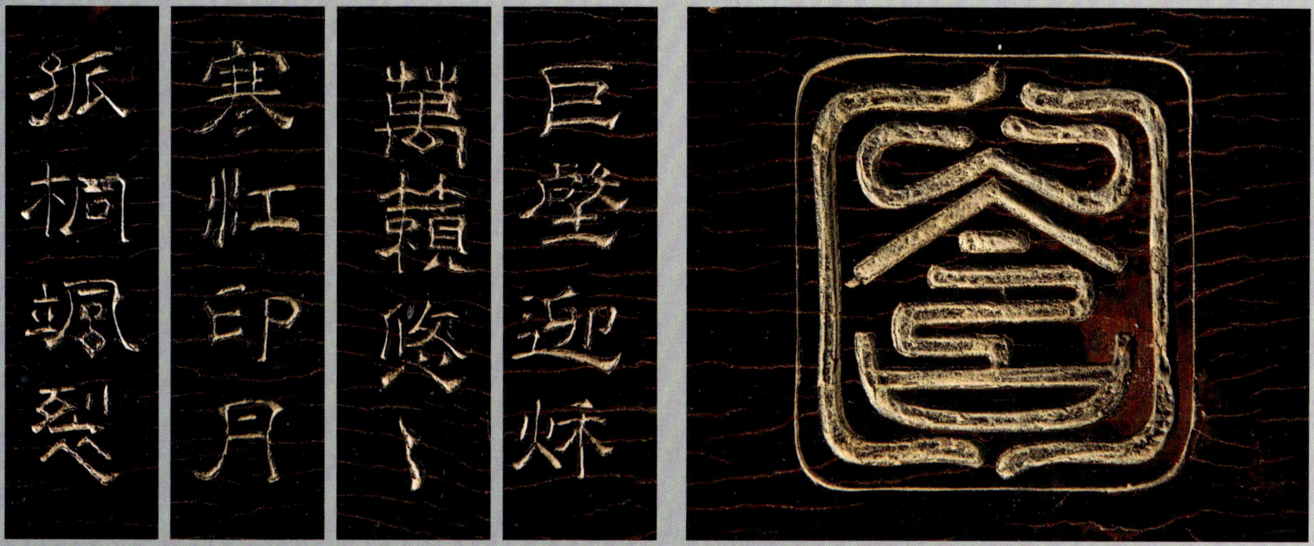
巨壑迎秋
萬籟悠悠
寒江印月
孤桐颯裂

024

定窑白釉围棋子标本

宋

长 6.0 厘米　宽 5.0 厘米　最厚 4.5 厘米

故宫博物院藏

棋子小且薄，形状稍不规则。白釉莹亮柔润。定窑在河北曲阳，创烧于唐，以白瓷著称，有“官”字款贡瓷款识。此件标本反映了宋代围棋文化盛行及定窑较高的工艺水平，对研究宋代文化和瓷器生产有一定意义。

（王照宇）

025

林逋行书自书诗卷

宋

纵 32.0 厘米　横 302.6 厘米

故宫博物院藏

林逋(967—1028),字君复，号和靖先生，浙江钱塘（今浙江省杭州市）人。北宋隐逸诗人，孤高自好，隐居西湖孤山，称“梅妻鹤子”。

此卷书自作诗五首，作于宋仁宗天圣元年（1023），林逋时年五十七岁。诗神清意雅，书法行距宽疏，字骨俊劲健，方硬冷峭却显雅逸之姿，为其传世代表作。卷后苏轼诗跋中赞林逋的清雅高洁和诗风书韵。跋中书法遒媚俊逸，神采秀发，显性灵可爱之态。此卷中林、苏二家佳篇妙笔，合璧生辉，可谓遗珠流芳。

（杨帆）

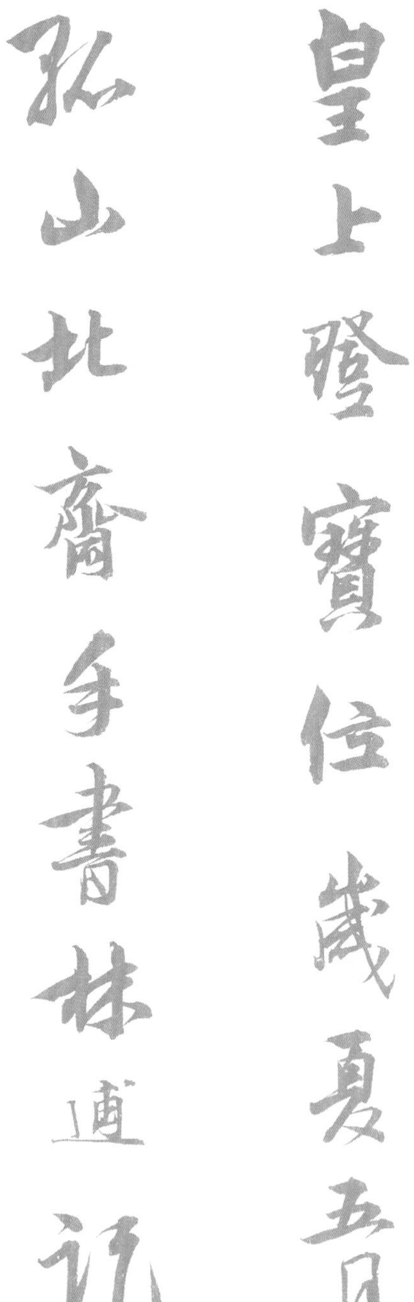

潯一逕何人到中林畫

日看遠子樵載昨蓋切重斜

壘葦蒹乾樓閣巖城

寺踈鐘動晚寒

孤山怪上人林亭寫望

林表秋山白鳥飛此中幽

致世還稀誰家岸口人煙

好事之意耳。時
皇上登寶位歲夏五月
孤山北齋手書。林逋記

好春垂玉西湖曲，不愛山青與水綠。所
愛别館近林家，步步遠塵樹樹玉。設云
爱古今在否，我知斯人未免俗。新句先
生遺墨妙，日窺不厭繼以燭。五詩神合
暗香句，清峭雄渾無不足。宜令東坡抑
下風，健筆藏筋詎豐肉。馬逐死後良史

微言猶可錄自言不作封禪書更肯悲吟白頭曲（司馬長卿欲娶富人女文君作白頭吟以諷之先生臨終詩云茂陵他日求遺草猶喜曾無封禪書）我笑吴人不好事好作祠堂傍脩竹不然配食水仙王一盞寒泉薦秋菊（西湖有水仙王廟）

錢塘孤山放鶴亭宋處士林逋舊隱處蘇軾所為賦詩者也西湖行宮在至陽丁丑南巡適得處士詩帖坡詩宛在墨彩猶新頃來湖上重展是卷緬高風於千載抒雅興以重賡並紀卷末以誌緣起御筆

即今攜以隨南巡對案坡詩六賡至卷三王跋冊七家要皆法眼非泳俗我詩卷冊乃並書笑傳翡燭引燭下分真合捃聽之所詠脊隨答不足便使分為之一商亭照千秋同影肉倂陳願求淺珍重七言當記何親錄林為清蘇尹任官商雖別原同曲幸哉孤山之陰又得重來拾松竹知惜紫棠未經到象明孤醉東籬菊

甲辰暮春月尚題五用蘇軾韻

歐宜丁君自沂適閩職毋惠頗晤語未幾且以杜詩為索病中援筆勉書數章以塞

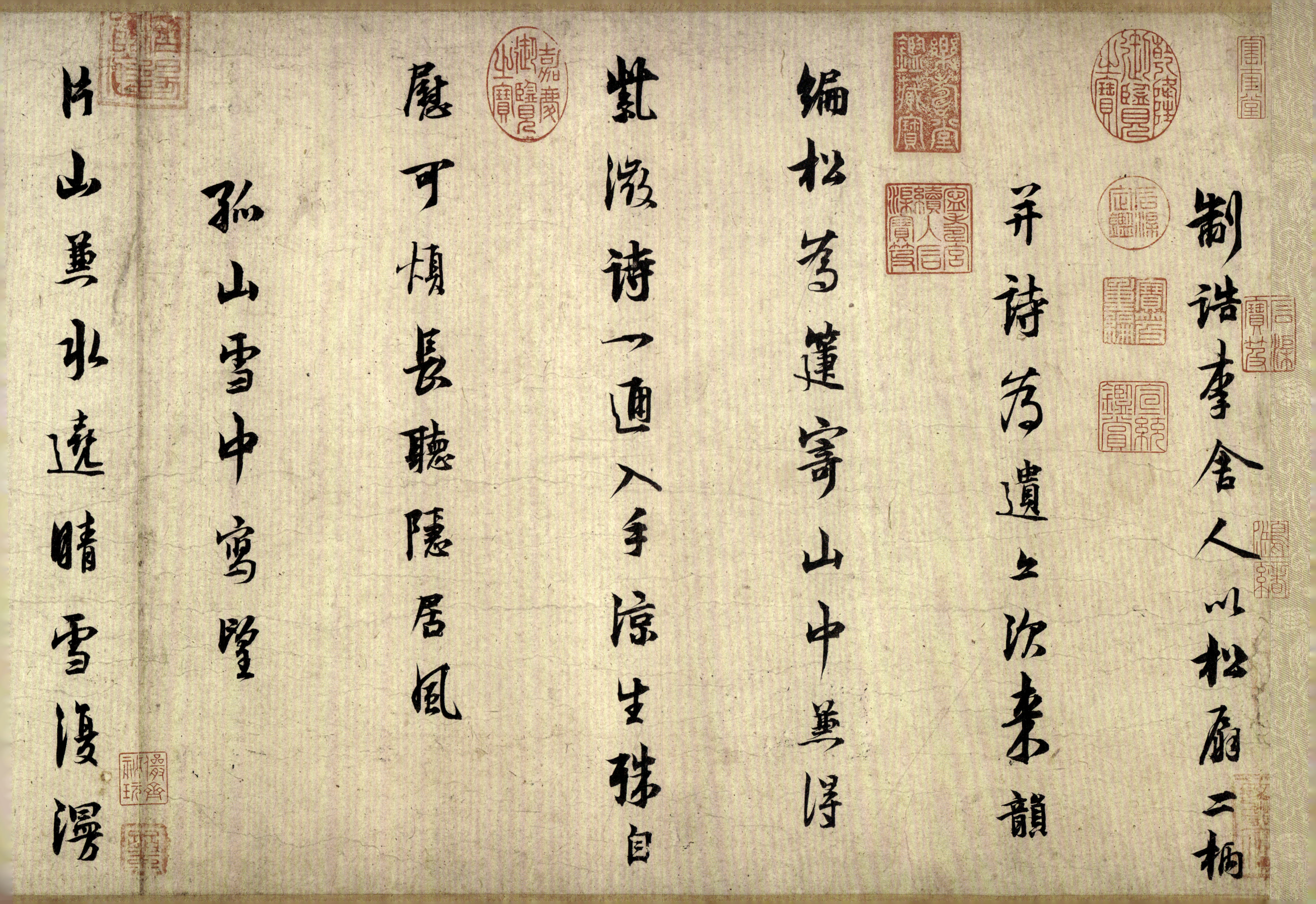
制誥李舍人以松扇二柄
并詩為遺次來韻
編松為箑寄山中異得
紫微詩一通入手涼生殊自
屢可煩長聽隱居風
孤山雪中寫望
片山異水遠晴雪漫漫

書和靖林處士詩後

蘇軾

吳儂生長湖山曲，呼吸湖光飲山綠。不論世外隱君子，傭兒販婦皆冰玉。先生可是絕俗人，神清骨冷無由俗。我不識君曾夢見，眸子瞭然光可燭。遺篇妙字處處有，步繞西湖看不足。詩如東野不言寒，書似留

026

宋人摹卢鸿草堂十志图卷

宋

纵 25.6 厘米　横 711.6 厘米

故宫博物院藏

卢鸿，唐代隐士、文人，擅书画。唐玄宗曾多次征召邀卢鸿出山，他最终不肯应召，玄宗在嵩山建草堂供其隐居。卢鸿曾作描绘其隐居生活的《草堂十志》诗文并附画，原作失传，后世有多本临本，此为宋人临摹本，共分十段，一图一景，分别是：草堂、樾馆、羃翠庭、洞元室、倒景台、桃（有桃、枕两种版本）烟廷、期仙磴、涤烦矶、云锦淙、金碧潭。整体画风清幽淡雅，用笔细劲，卷尾有“祥符乙卯翰林侍诏燕文贵”款，系后人添加。卢鸿的诗文和图画对后世文人产生了深远影响，成为隐逸文化的代表之一。

（鲁颖）

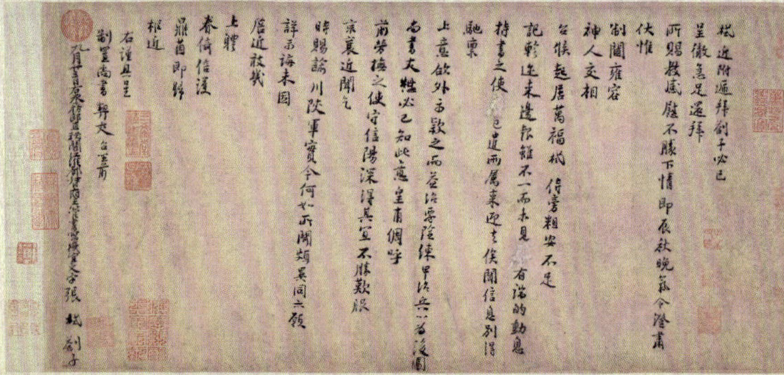

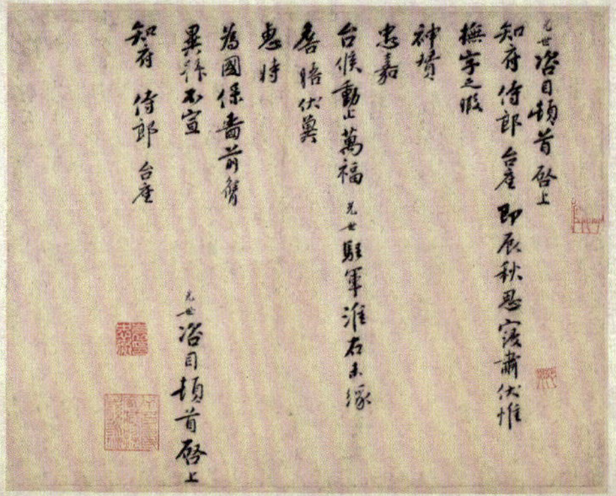

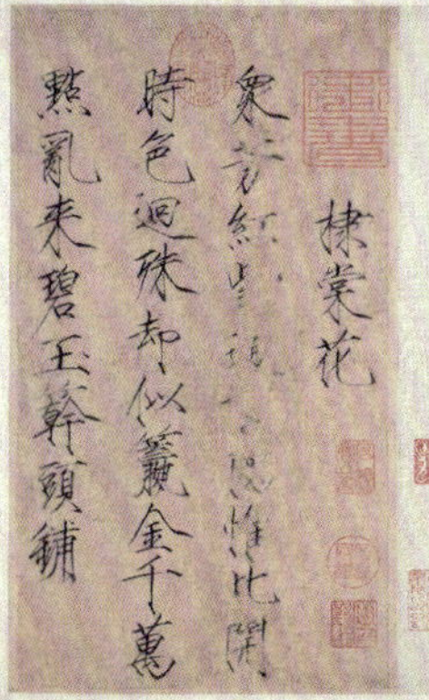
棣棠花

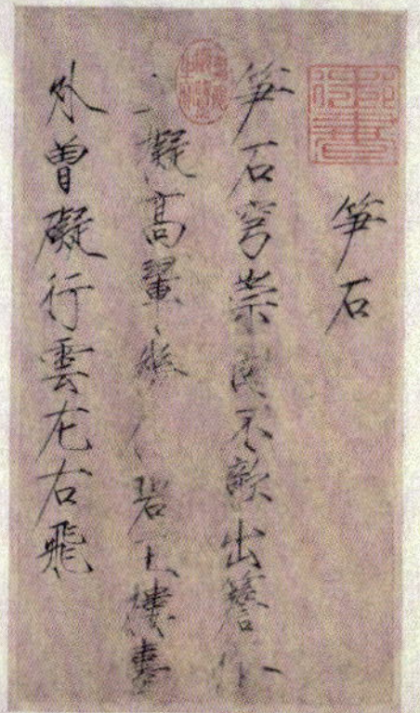
笋石

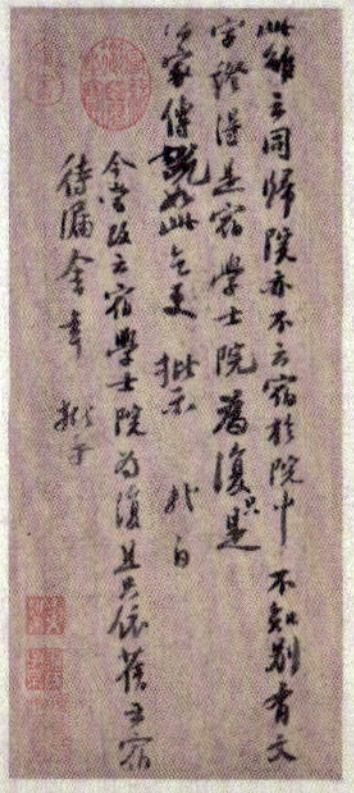

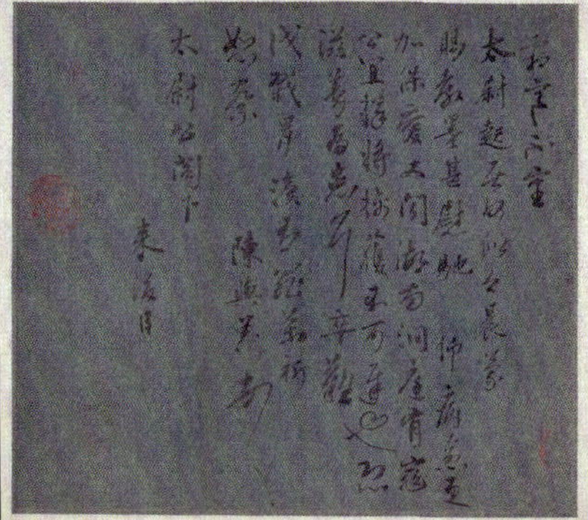

御書

嘉慶御覽之寶

笋石

笋石穹崇質不欹出簷作一

一凝高翠幾人碧玉樓臺

外曾凝行雲左右飛

棣棠花

眾芳紅紫[illegible][illegible][illegible]惟比開時色迥殊卻似籠金千萬點亂來碧玉幹頭鋪

东晋穆帝永和九年（353），王羲之与谢安、孙绰等好友在会稽山阴（今浙江省绍兴市）修禊雅集，曲水流觞，饮酒赋诗，并作《兰亭序》。自此，后世对《兰亭序》书法的临摹与研习，对兰亭文化的尊崇与论辨延续至今，文人雅集也因兰亭而不朽，其中的酒文化也成为“八雅”之一。

028

沈时绘兰亭修禊图卷

明

纵 27.1 厘米　横 186.0 厘米

故宫博物院藏

古人将每年三月初三上巳节祭祀祖先的活动称之为修禊，后来发展为文人水边雅集宴饮之举。“兰亭修禊”之名源于东晋王羲之所书《兰亭集序》，记录了晋永和九年（353）三月初三日，王羲之与友人谢安、孙绰等于会稽山阴兰亭水边宴饮雅集，饮酒赋诗之乐事，“兰亭修禊”遂成为历代文人或职业画家所热衷表现的题材。

沈时该作表现的正是文人们于苍松翠竹间列坐，进行曲水流觞的雅集场景，与《兰亭集序》中“崇山峻岭，茂林修竹，又有清流激湍，映带左右，引以为流觞曲水，列坐其次”的描述相符，画面人物形象儒雅，文人高士在侍者的陪同下赏景观鹅，引觞满酌，衬托出画中人物清高自得的精神世界和生活情趣。卷末作者自题：“崇祯乙亥冬月沈时写。”钤“沈时”白文印，乙亥为明崇祯八年（1635）。

（蒋彤）

崇禎乙亥冬月沈時寫

029

青釉耳杯

晋

高 3.5 厘米　口径 12.0 厘米　足径 8.5 厘米

故宫博物院藏

杯为椭圆形，敞口，较长的两侧对称附细长双耳，自上而下渐收敛，平底。通体施青釉，釉色偏暗。

耳杯又称“羽殇”，是我国古代的一种盛酒器具，即“曲水流觞”中的“觞”，使其浮于水面而行。耳杯始于战国时期，早期的耳杯多为漆器、玉器或铜器，陶瓷耳杯在汉代出现，有些与托盘相连或与托盘相配使用。

（董彦卿）

030

龙泉窑青釉刻花“清香美酒”盖罐

明

通高 32.5 厘米　口径 23.6 厘米　足径 17.0 厘米

最大腹径 34.0 厘米　盖高 8.0 厘米　盖径 26.5 厘米

故宫博物院藏

罐直口，鼓腹、下腹部渐收，圈足。通体施青釉。腹部四面刻菱形开光，开光内分别刻“清”“香”“美”“酒”四字，辅以回纹，开光外刻花卉纹；胫部刻蕉叶纹。罐配一荷叶形盖，盖顶置宝珠形钮，盖面刻花卉纹。

（董彦卿）

031

黄地红彩竹箍纹酒坛

清

通高 16.2 厘米　口径 4.2 厘米　足径 5.4 厘米

故宫博物院藏

酒坛小口、微外撇，圆肩，肩下渐收，平底，附器盖。肩、腹部绘黄色仿竹箍状纹饰。肩部两个双方框内分别墨书“状元红”“老酒”字样，近底处有“浙绍德润濂记”方形印章。盖正面红彩书团“寿”字，侧面对称写有“杏花村”和“老酒”字样。此酒坛大小适中，工艺精巧，坛口外撇便于系绳，表现出质朴自然的情趣。

（张涵）

杏花村
狀元紅
浙紹德謙潤記

032

剔红曲水流觞图扁圆盒

清

高 8.0 厘米　口径 16.5 厘米

故宫博物院藏

雕漆工艺又称剔红。此盒蔗段式，子母口，平底，盒内及外底髹黑漆。盖面雕曲水流觞图。盖面边沿雕连续回纹，盖壁和盒壁均刻六角形锦地。盖内中央刀刻填金楷书“流觞宝盒”器名款，外底中央刀刻填金楷书“大清乾隆年制”款。画面饱满，层次分明，雕漆深峻。雕文人故事图是剔红善用的装饰题材，此盒为典型的清代雕漆风格。

（邢娜）

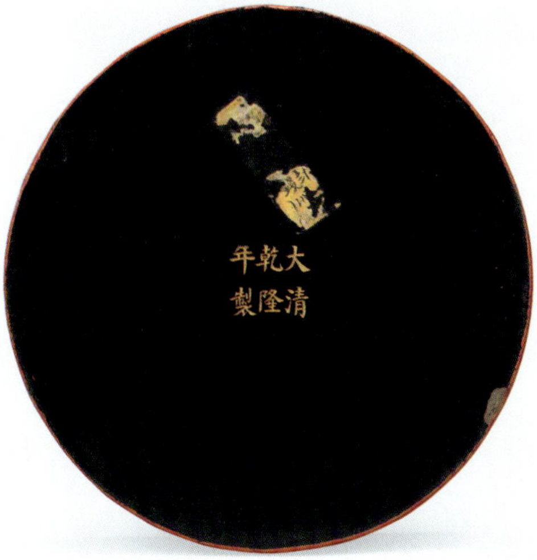
大清乾隆年製

流觴寶盒

033

钧窑玫瑰紫釉葵花式花盆

北宋

高 15.8 厘米　口径 22.8 厘米　足径 11.5 厘米

故宫博物院藏

花盆呈六瓣葵花式。折沿，深腹，圈足，盆壁里、外分别凸起、凹进六条直线纹。内、外窑变釉装饰，釉色为窑变的玫瑰紫色，边、线呈酱色。底有五个渗水圆孔，外底刻数字“七”，以及“建福宫”“竹石假山用”字样。

钧窑瓷器素以釉装饰闻名于世，明代谷泰《博物要览》载：“均州窑有朱砂红、葱翠青（俗名鹦哥绿者）、茄皮紫。红如胭脂，青如葱翠，紫若墨黑……猪肝色、火里红、青绿错杂若垂涎色……”这件花盆所呈现出的玫瑰紫色是钧窑瓷器中重要且独特的釉色装饰品种，代表了这一时期钧窑工匠的制瓷水平。

（董彦卿）

034

钧窑玫瑰紫釉葵花式三足花盆托

北宋

高 6 厘米　口径 9 厘米　底径 8 厘米

故宫博物院藏

花盆托呈六瓣葵花式。折沿、弧腹、平底，底下承三枚如意云头形小足。整体施窑变釉，内呈天蓝色釉，外呈玫瑰紫色釉，口边、足边呈酱色。外底刻数字“十”。此类盆托应与同类葵花式花盆搭配使用。

（董彦卿）

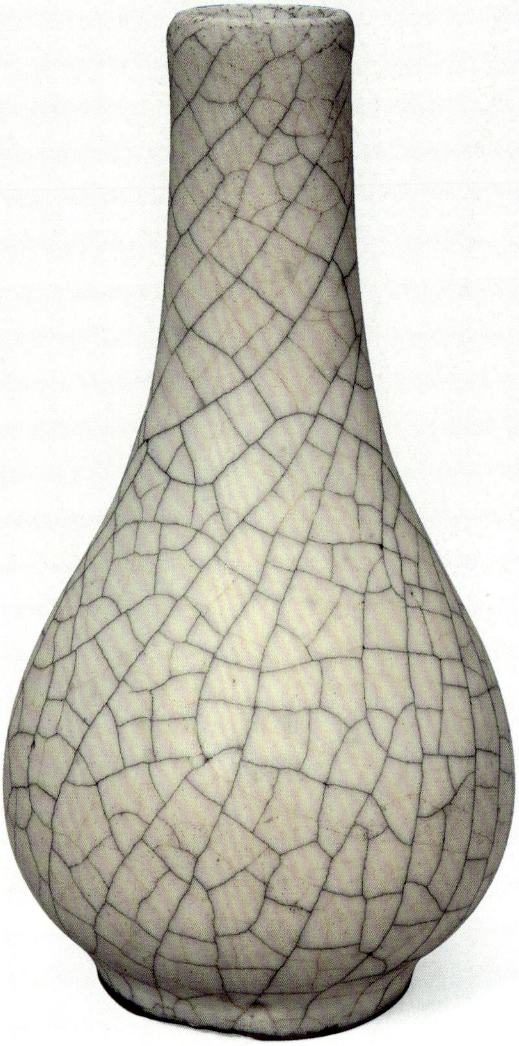

035

哥窑青釉胆式瓶

南宋

高 13.8 厘米　口径 2.5 厘米　足径 4.5 厘米

故宫博物院藏

瓶小口、细颈、溜肩、圆腹、圈足。瓶内、外和圈足内均施灰青釉，釉面莹润，布满黑色大开片和黄褐色小开片，即“金丝铁线”。足端无釉，露黑褐色胎。

（董彦卿）

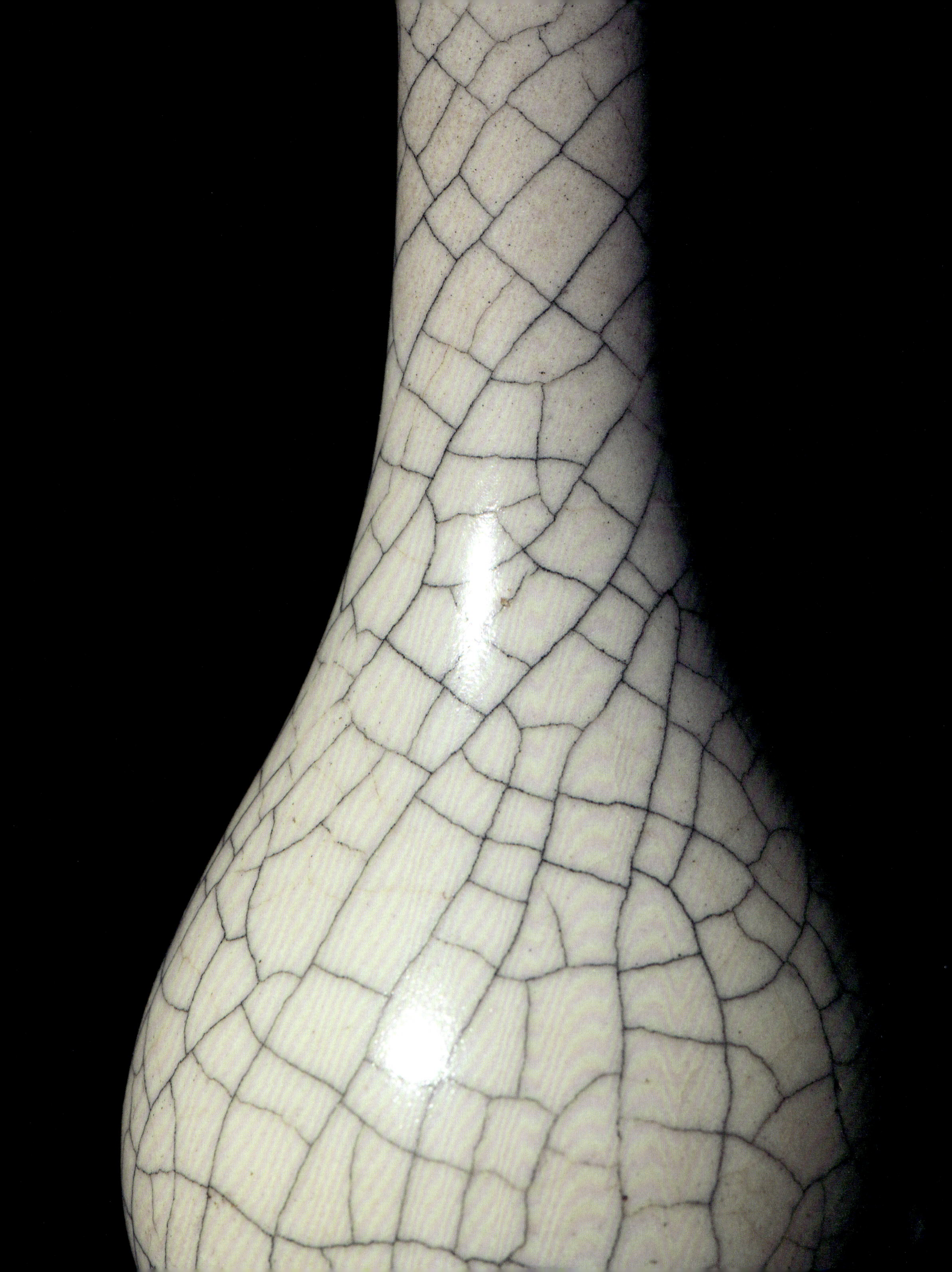

觀

茶

第三章

She 蔎
四家与茶

“宋四家”皆与茶有缘。蔡襄制小团茶且著《茶录》，引领风尚。苏轼、黄庭坚爱茶、歌茶，佳作频出。米芾品茗会友。四家以茶润心，茶文化盛极一时。

036

徐宗浩临苏轼像轴

近现代

纵 127.9 厘米　横 32.7 厘米

故宫博物院藏

苏轼深受历代文人雅士的敬慕，后世所传其画像有多种不同面貌。此图为近代书画家、收藏家徐宗浩所临。画面中的苏轼头戴高头巾，身着长袍，双手端拱，神情肃穆。画幅上方有徐宗浩书元末明初僧人妙声所作题赞，结合苏轼的生平赞扬其广博的才学和豁达的人生态度。画面左侧有徐宗浩所录翁方纲题跋三则，翁方纲在题跋中结合其所见的多种苏轼画像，对苏轼的真实相貌加以考证。

徐宗浩（1880—1957），字养吾，号石雪。善画竹，喜收藏。民国时期曾担任中国画学研究会副会长、古物陈列所顾问等职。1952 年被聘为中央文史研究馆馆员。徐宗浩去世后，其家属遵遗嘱，将他毕生收藏的文物全部捐献国家。

（郁文韬）

王梅溪注本内所摹趙松雪畫像可以相證
方綱識
十二月十九日

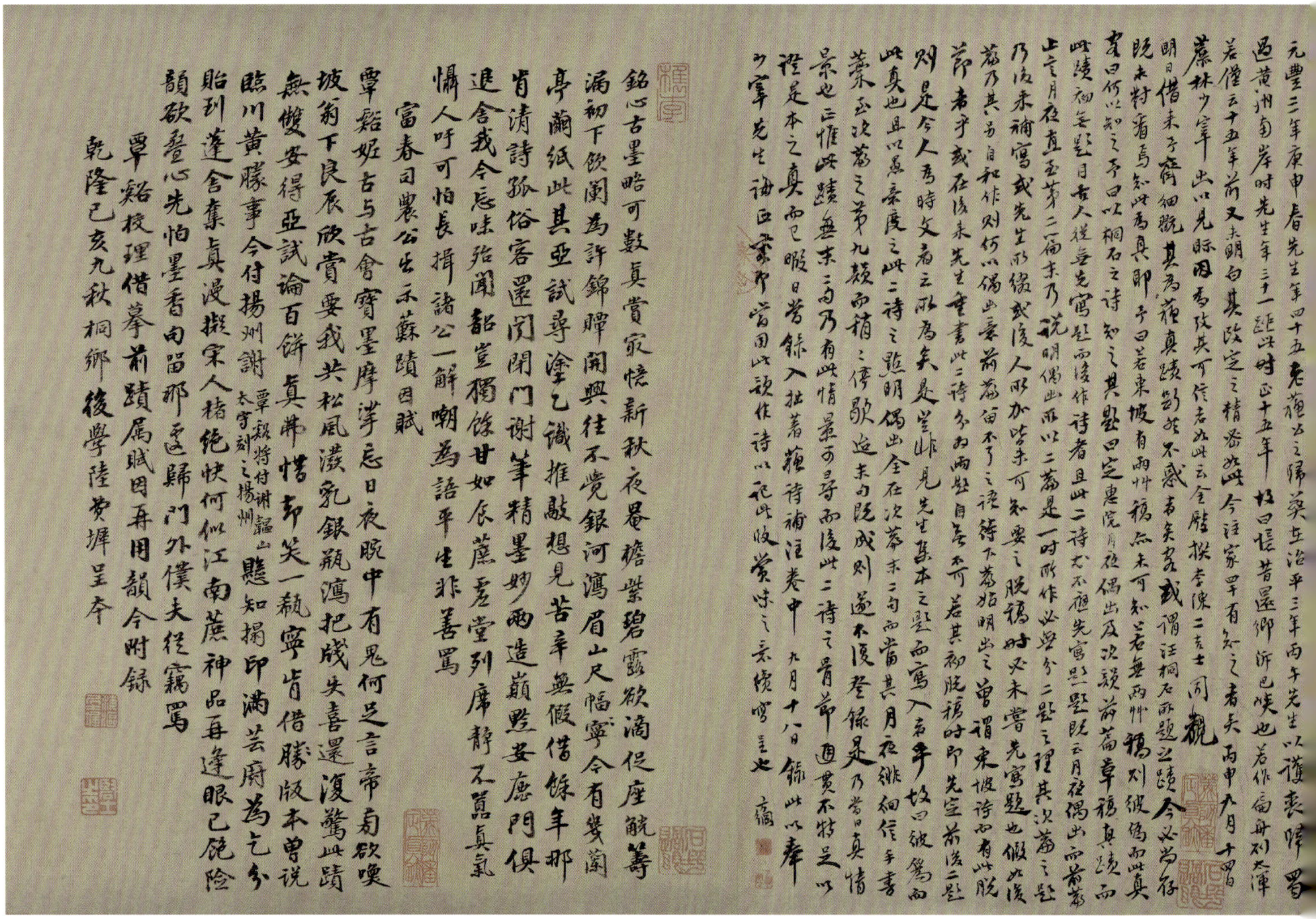

037

苏轼（传）行书定惠院二诗草稿卷

明—清

纵 30 厘米　横 24 厘米

故宫博物院藏

此卷为苏轼书《定惠院寓居月夜偶出》《次韵前篇》二诗手稿的明清临摹本，苏轼原稿应作于元丰三年（1080）。是时，苏轼贬谪黄州，寓居定惠院。诗中苏轼月下咏景，忆往昔而叹今境，生出世事无常的感慨。《东坡诗集》收录此二首诗，但内容略有不同，且墨迹所书《次韵前篇》少最后两句。此件书法保留了苏轼原稿中涂改和个别字不完整的面貌，具有一定的参考价值。

（杨帆）

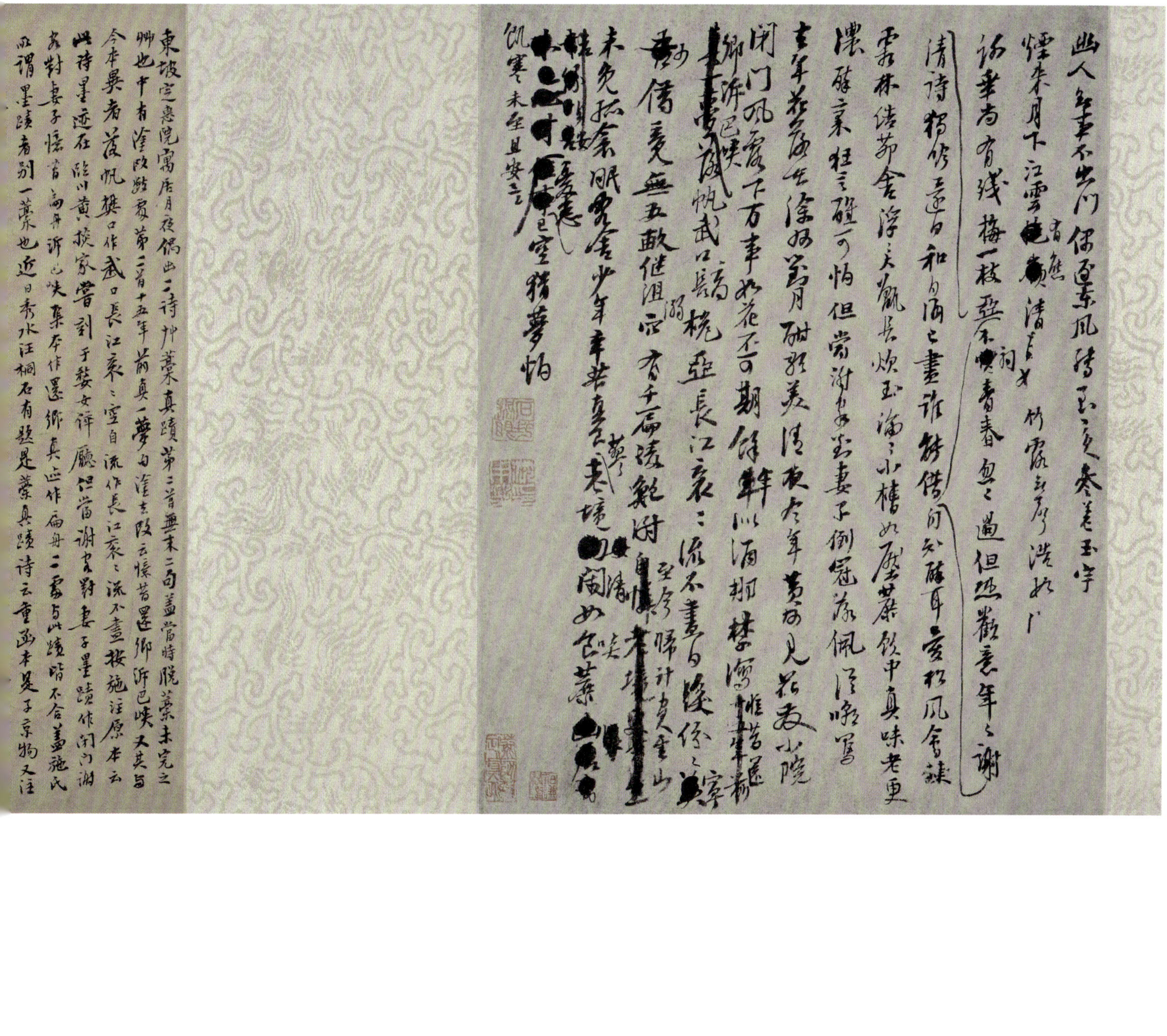

尚有殘梅一枝亞不惜青春忽之過但恐歡意年之謝
清詩獨吟還自和白酒已盡誰能借自知醉耳愛松風會揀
霜林結茅舍浮之大甑長炊玉溜之小槽如壓甘蔗飲中真味老更
濃醉裏狂言醒可怕但當謝客對妻子倒冠落佩從嘲罵
去年花落在徐州對月酣歌美清夜今年黄州見花發小院
閉門風露下萬事如花不可期餘年似酒那禁瀉
憶昔扁舟泝巴峽落帆樊口高桅亞長江袞之流不盡空自流
白髮紛紛寧少借竟無五畝繼沮溺空有千篇凌鮑謝至今歸計負雲山
未免孤衾眠客舍少年辛苦真食蓼老境清閑如啖蔗
饑寒未至且安居憂患已空猶夢怕

038

李宗谟东坡事迹图卷

明

纵 27.2 厘米　横 362.5 厘米

故宫博物院藏

《东坡事迹图卷》是明代画家李宗谟的作品。李宗谟（生卒年不详），明代画家，福建永安人。擅长画人物、白描山水。

这幅图卷以白描手法表现了苏轼从少年到老年的十三个重要事件，富有生活气息。这些事件包括少年苏轼刻苦攻读（画中其右手边是天石砚）、苏轼赴杭州就职途经扬州时与二位游人笔墨相聚、东坡笠屐（苏轼被贬海南儋州，借土民箬笠、木屐冒雨而归的场景）等。

（郁文韬）

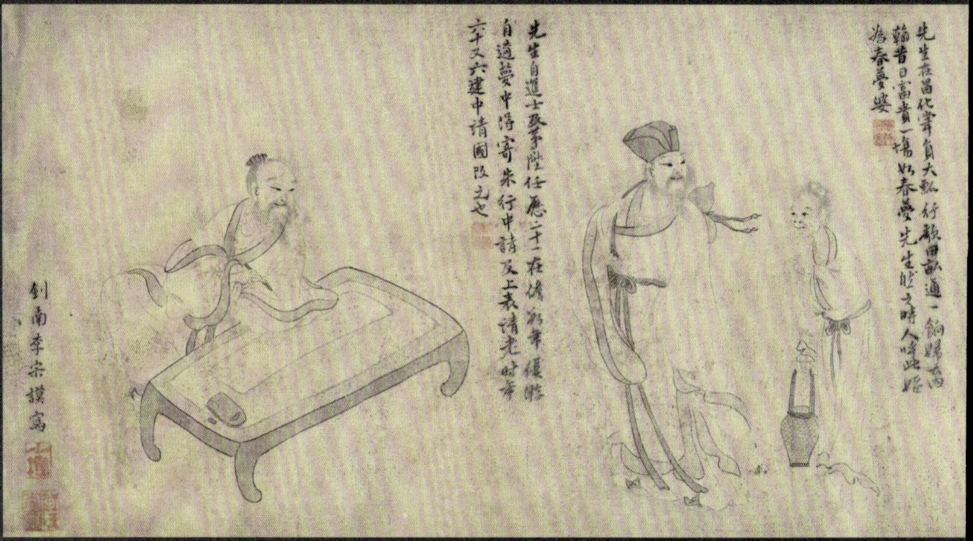

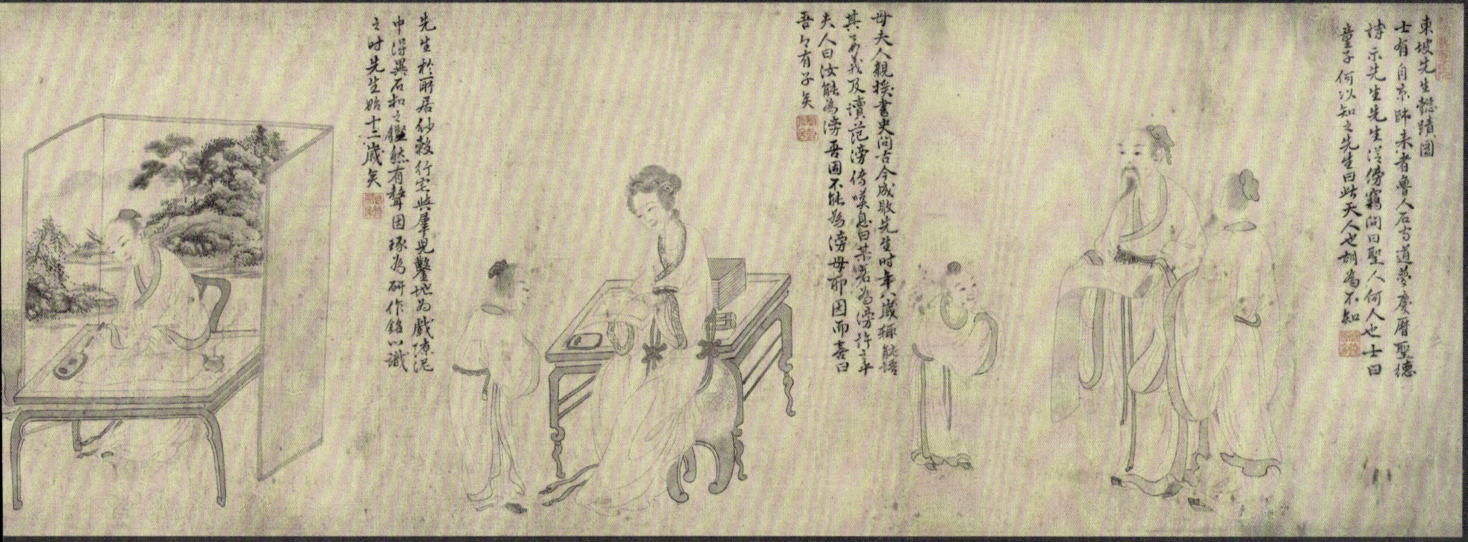
東坡先生懿蹟圖
士有自京師來者魯人石守道薦慶曆聖德詩示先生先生從傍竊問曰聖人何人也士曰童子何以知之先生曰此天人也胡為不知
母夫人親授書史問古今成敗先生時年八歲輒能語其要義及讀范滂傳嘆息曰某若為滂許之乎夫人曰汝能為滂吾固不能為滂母耶因而喜曰吾有子矣
先生於所居紗縠行宅與羣兒鑿地為戲得泥中得異石扣之鏗然有聲因琢為研作銘以識之時先生始十二歲矣

先生擢翰林嘗鎖宿禁中皇太后賜御座金蓮燭歸院
先生守徐州適春旱城東有龍湫先生一家僮繫虎頭骨投於其中大獲甘霖以濟蒼生
先生居黃州次年請故營地躬耕因號東坡築雪堂居之

先生之第子由在筠州雲菴居洞山聰禪師在聖壽寺三人同夢迎祖師禪戒和尚時子由是日與其出城二十里建山寺中而先生適至追繹以告先生曰吾八九歲時常夢身是僧往來陝右間雲菴驚曰戒陝右人也暮年棄五祖來遊高安終於大愚逆數之五十年
金山寺僧佛印乃謝端卿出家有寺莫容戒行同黃州侍郎黃魯直與先生交善一日同訪佛印見寺得桃花醋也美取而共嘗之皆皺其眉時人稱為三酸
先生在儋訪諸黎遇暴雨大作假他人竹笠木屐戴屐而歸市人爭相視之先生自得幽野之趣天然之樂蓋如此

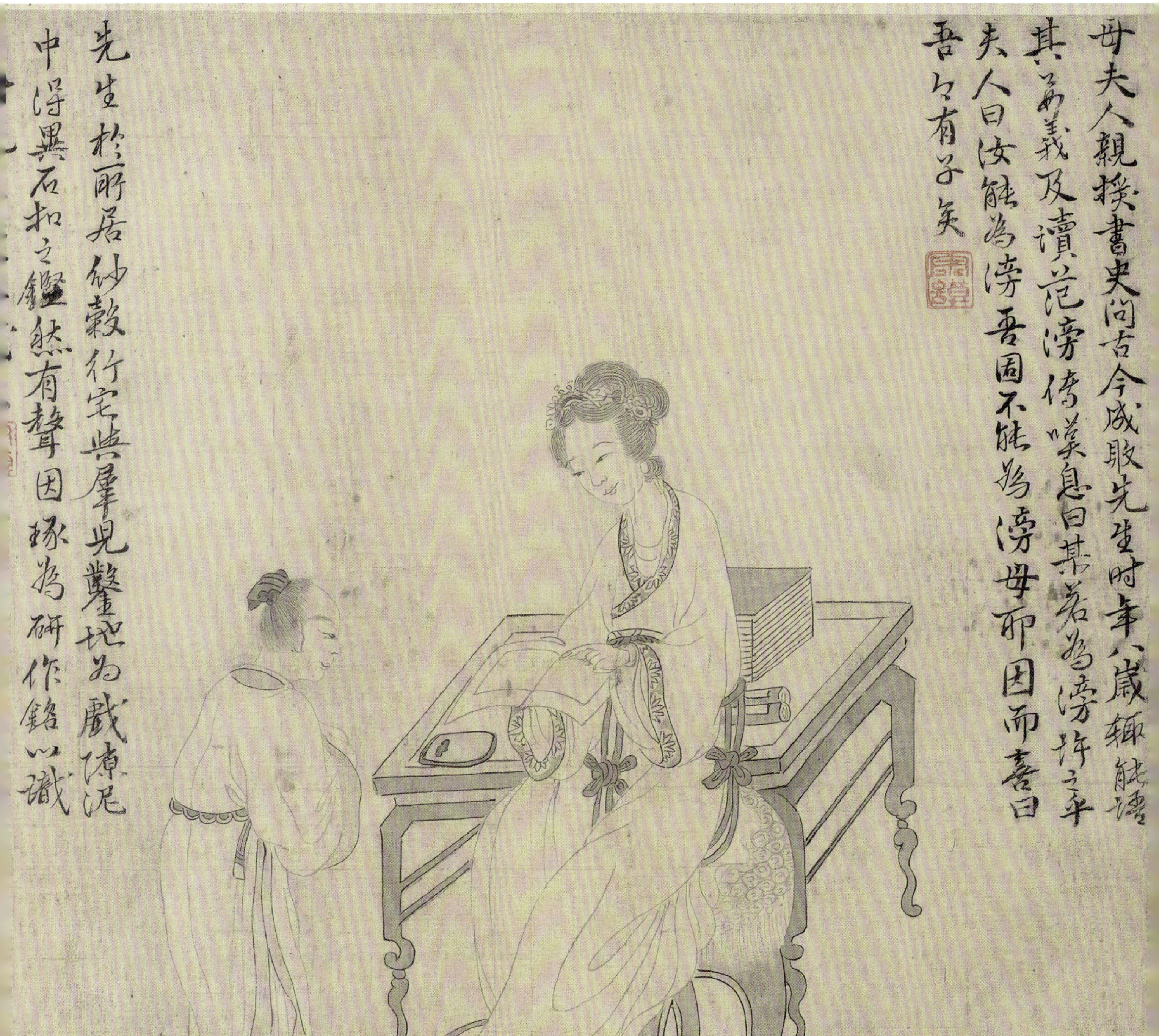
母夫人親授書史問古今成敗先生时年八歲輒能語
其大義及讀范滂傳嘆息曰某若為滂許之乎
夫人曰汝能為滂吾固不能為滂母耶因而喜曰
吾今有子矣
先生於所居紗縠行宅與羣兒鑿地為戲於泥
中得異石扣之鏗然有聲因琢為研作銘以識

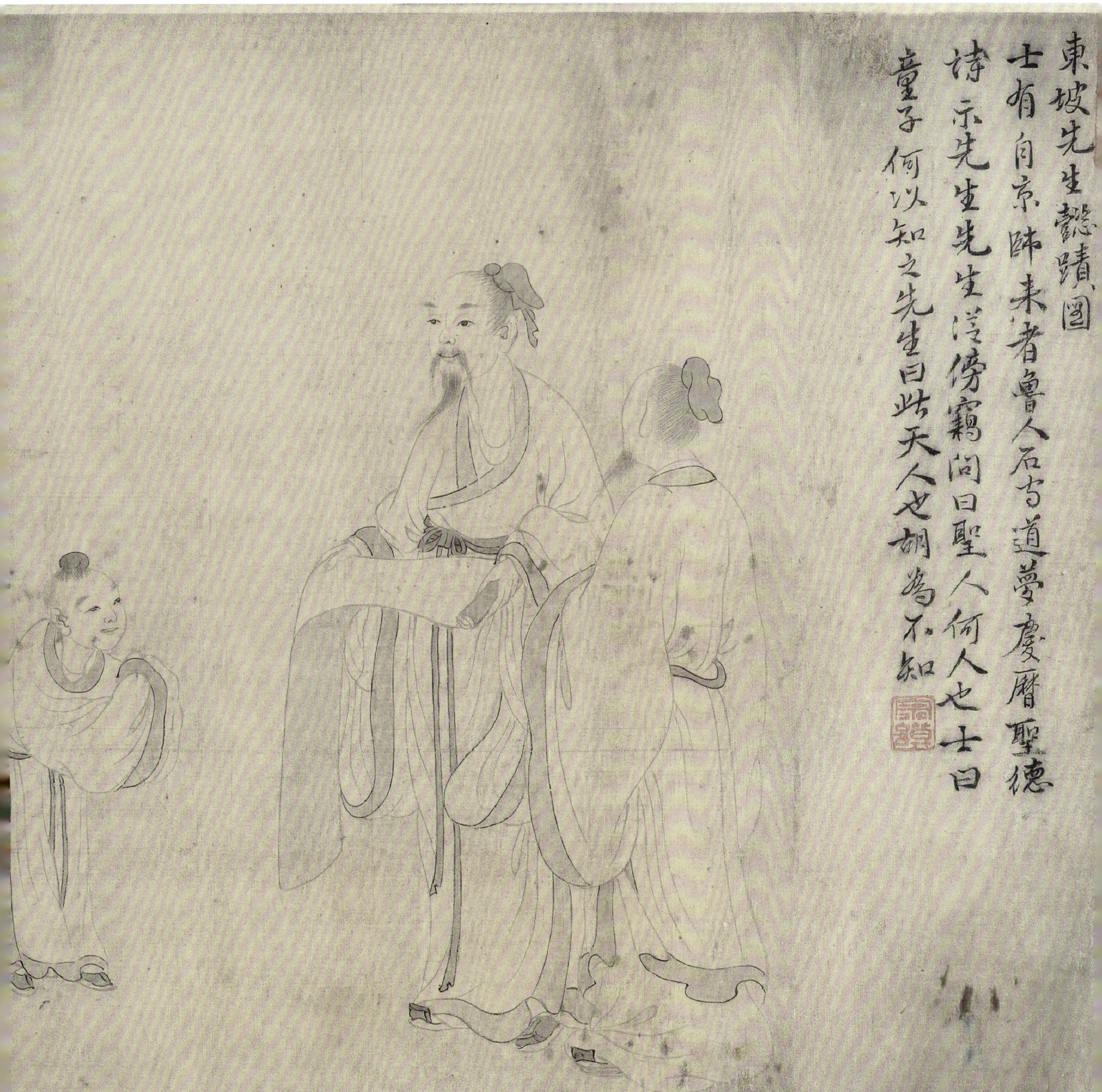
東坡先生懿蹟圖
士有自京師來者魯人石守道夢慶曆聖德
詩示先生先生從傍竊問曰聖人何人也士曰
童子何以知之先生曰此天人也胡為不知

先生為監官令告院兼判尚書祠部時王荊公
欲變科舉先生上言其黨不悅乞外任避之除
杭州通判徑至揚州與劉貢甫孫巨源劉莘
硯相聚數日

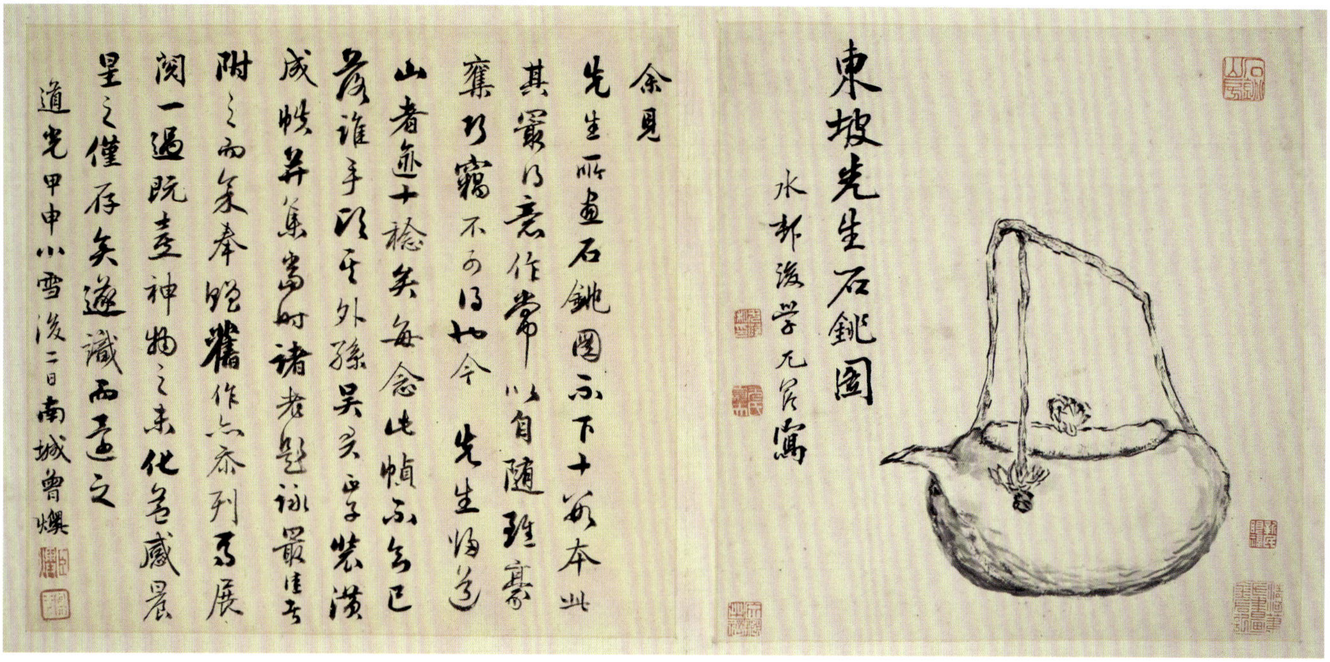

039

尤荫绘东坡石铫图册

清

纵 31.6 厘米　横 31.0 厘米

故宫博物院藏

此图为清代画家尤荫所作《东坡石铫图》，对幅有曾燠所作题跋。尤荫曾得到一件刻有“元祐”字样的石铫，他将其形貌与苏轼所作《次韵周穜惠石铫》一诗中的有关描述相互对照，认为即是东坡故物。尤荫后将此石铫进献内府，并大量绘制《石铫图》赠送友人，东坡石铫的形象也由此传播开来。

尤荫，字贡夫，一作贡父，号水村，江苏仪征人。工诗善画。此图以水墨绘东坡石铫，造型简练古朴。据曾燠题跋可知此为尤荫自存本，是其精心用意之作。

（郁文韬）

東坡先生石銚圖

水邨後学元居寫

040

紫砂提梁壶

清

高 14.0 厘米　口径 8.5 厘米　足径 9.5 厘米

故宫博物院藏

壶圆唇、敛口、扁圆腹、平底、短流略弯，上接三岔形提梁，曲中有直，勾勒婉转。盖圆鼓，盖顶置桥形钮。壶通体素面无纹饰，仅盖内印有“荣乡”二字。此种形制的紫砂提梁壶在清代中晚期较为常见，相比于单提梁壶也更加稳定美观。

（郑珣）

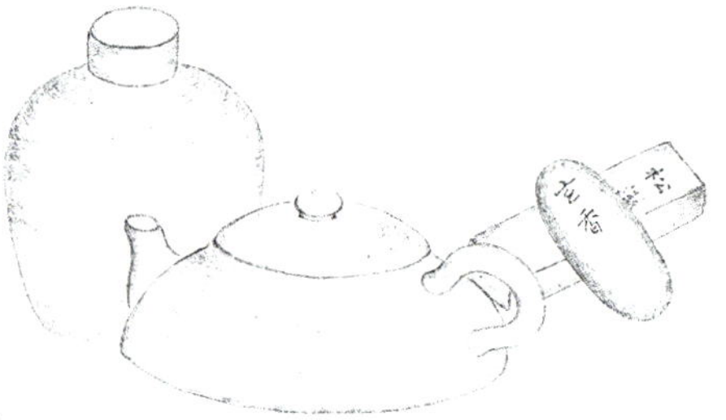

041

边寿民绘杂画册

清

纵 23.9 厘米　横 27.8 厘米

故宫博物院藏

此图为清代画家边寿民所绘《杂画册》之一。图中绘茶具及墨碇，据其上的自题可知是边寿民因友人赠送古墨、佳茗乘兴而作。此图以淡墨渴笔绘成，造型简约而生动，颇有文人意趣。图上所书东坡逸事一则，出自曾慥《高斋漫录》，为苏轼与司马光论茶墨异同之语，词句清隽，富有哲理。茶与墨本就是文人熟悉而又喜爱的日常用品，苏轼借以阐发关于君子和而不同的观点，既见才思又具风雅。

边寿民（1684—1752），名维祺，字寿民，以字行，更字颐公，号渐僧、苇间居士等。山阳（今江苏省淮安市）人。擅画芦雁，兼作山水、花卉等。

（郁文韬）

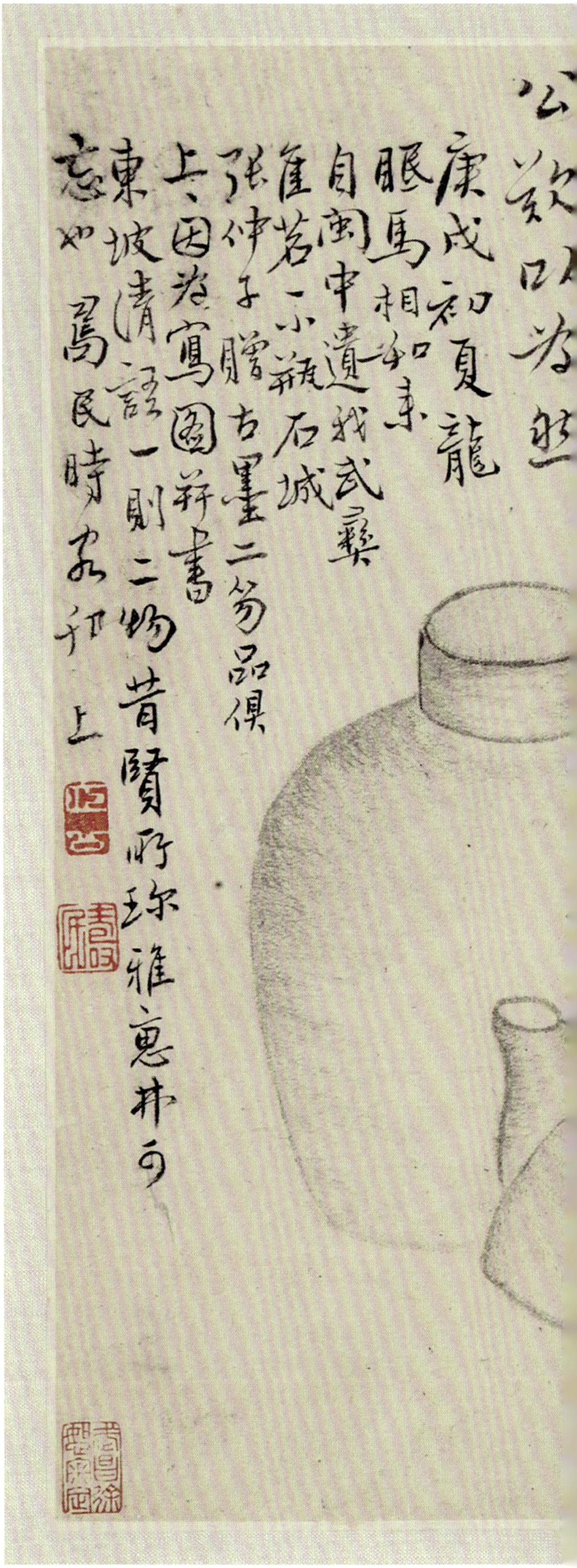

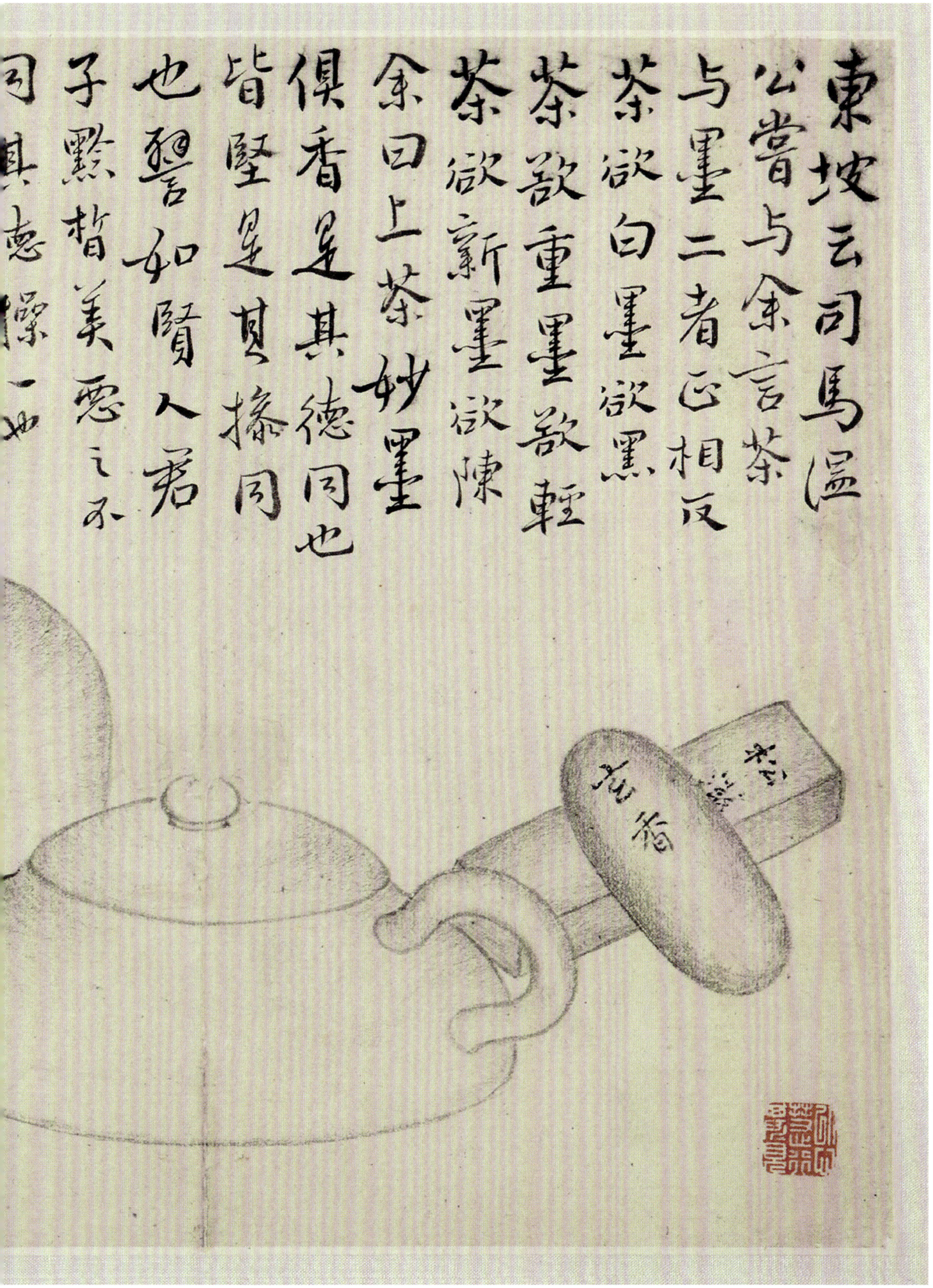
東坡云司馬溫
公嘗与余言茶
与墨二者正相反
茶欲白墨欲黑
茶欲重墨欲輕
茶欲新墨欲陳
余曰上茶妙墨
俱香是其德同也
皆堅是其操同
也譬如賢人君
子黔皙美惡之不
同其德操一也
玄香

042

朱兰圃仿李唐画黄庭坚观瀑图像轴

清

纵 108.5 厘米　横 54.3 厘米

故宫博物院藏

该轴为清代画家朱兰圃绘黄庭坚坐像轴，所据粉本传为南宋李唐之作。画中人物纱帽青衿，右手持拂尘，盘坐于豹皮上，身后是悬崖瀑布。画中山石结构分明，以中锋勾勒石体轮廓，局部以墨笔侧刷，似小斧劈皴皴出石块肌理，有南宋李唐一脉的山水风格。黄庭坚（1045—1105），字鲁直，号山谷道人、涪翁，分宁（今江西省修水县）人，北宋著名文学家、书法家。黄庭坚为“苏门四学士”之一，与苏轼齐名，世称“苏黄”。善诗文、书法，“北宋四大书家”之一。

朱兰圃（生卒年不详），清代画家。

（蒋彤）

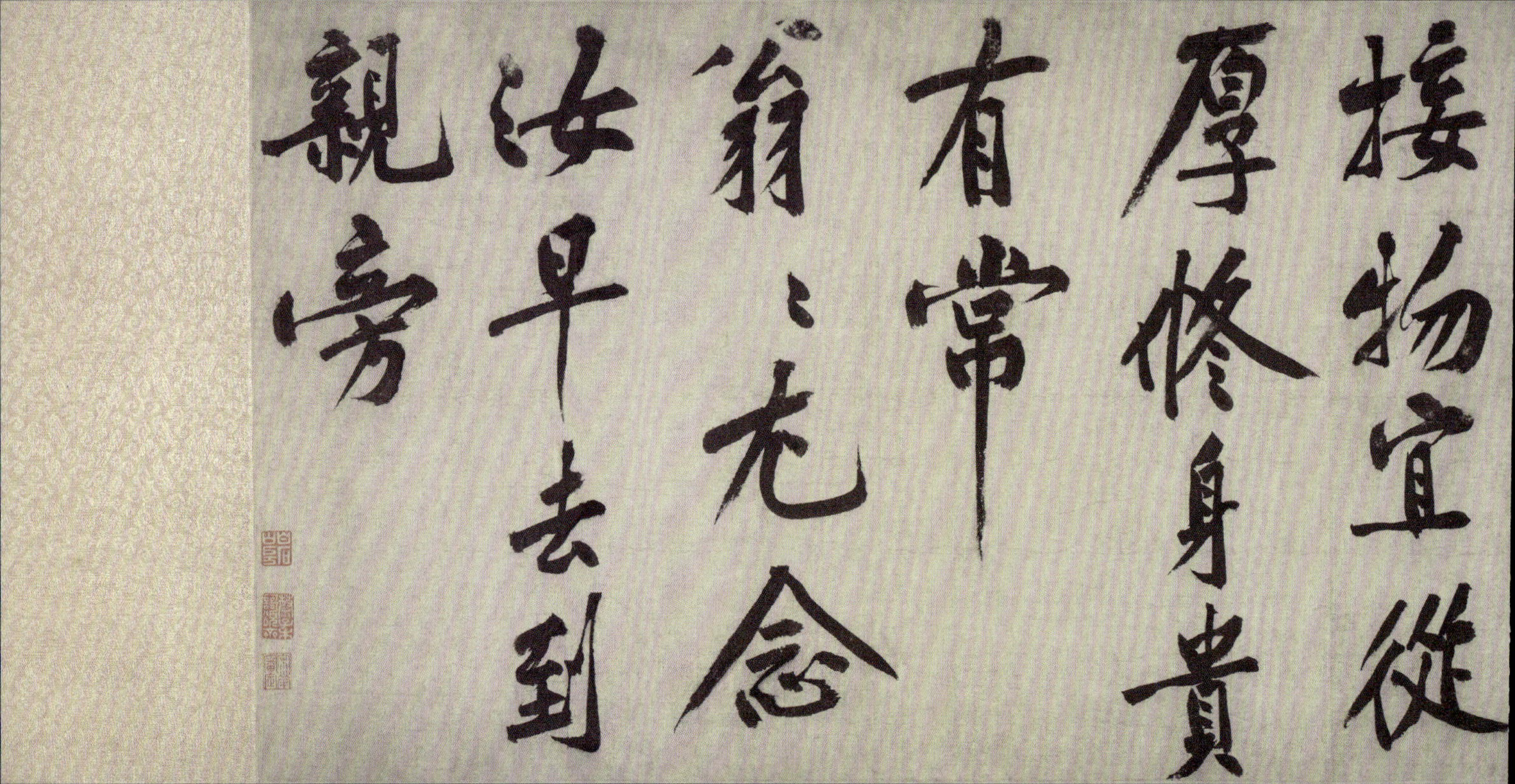

043

黄庭坚行楷书送四十九侄诗卷

詩送四十
九姪
有姝財相
見何堪舉
別觴共期
同奮發更
勉致軒昂

見何堪攀
別觴共期
同奮發更

詩送四十
九姪
有姝財相

有常

翁々尤念

勉致軒郎
接物宜從
厚孚冬年貴

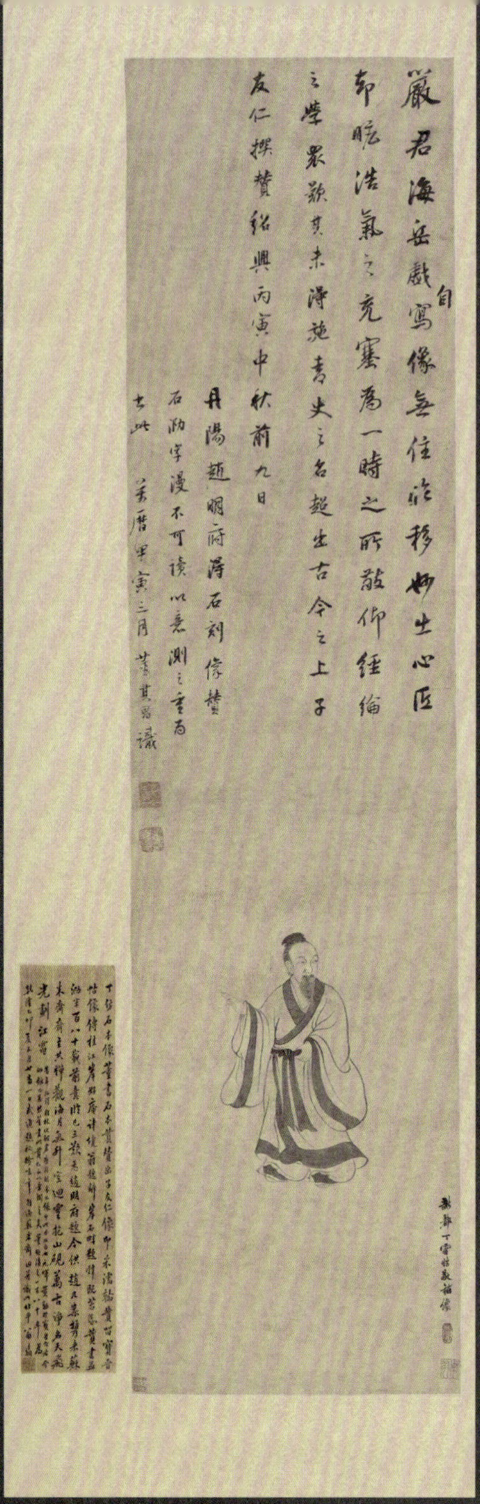

044

丁云鹏画米芾像轴

明

纵 130.5 厘米　横 33.0 厘米

故宫博物院藏

该轴为晚明画家丁云鹏所绘，米芾头戴梁冠，面露微笑，衣纹流畅，飘然潇洒。米芾（1051—1107），字元章，号鹿门居士、襄阳漫士、海岳外史，祖籍山西太原。宋徽宗时任书画学博士，擢礼部员外郎，人称“米南宫”，精书画善绘泼墨云山，创“米家山”。书法初宗“二王”、颜真卿，后博采众长，与苏轼、黄庭坚、蔡襄合称“宋四家”。该轴画心上有董其昌万历四十二年（1614）题跋，裱边有翁方纲题。

丁云鹏（1547—1628），字南羽，号圣华居士，休宁（今安徽省休宁县）人，善画山水、人物，尤擅画罗汉、观音和历史人物故事等。

（蒋彤）

045

米芾行书法华台诗帖

宋

纵 29.7 厘米　横 42.0 厘米

故宫博物院藏

此帖作于米芾在湖南长沙仕官期间。诗中描绘了雪夜法华台的景色。全帖字形修长，中宫紧结，骨健劲道，跌宕欹侧间神完态逸，是其早年书法精品。此帖曾经清宋荦、乾隆内府等收藏，著录于《石渠宝笈》。

（杨帆）

南晴夜月騎驢
似登春臺

南晴夜月騎驢

似登春臺

溪岸無塵
埃北有同色雪
漠雲雲來開終

南晴夜月騎驢
似登書堂

淮南春去
坱圠有同色雪
漢雲、雲來開終

046

佚名绘唐宋名臣像册·蔡襄

明

纵 26.8 厘米　横 21.0 厘米

故宫博物院藏

图绘蔡襄身着圆领褐色袍，头戴黑纱直角幞头，两手合持笏板于胸前，形象端严。蔡襄（1012—1067），字君谟，兴化军仙游（今福建省仙游县）人。天圣八年（1030）进士，官至端明典学士，谥忠惠。北宋政治家、书法家。除政事、书艺外，蔡襄还精于茶道，著有《茶录》，并创制龙团茶。

该页选自《唐宋名臣像》册，绘有李靖、魏徵、苏轼等唐宋名臣画像。

（蒋彤）

047

蔡襄草书入春帖

宋

纵 30.3 厘米　横 43.8 厘米

故宫博物院藏

此帖书于皇祐三年（1051），蔡襄时年四十岁。《入春帖》为蔡襄致葛公绰的酬应信札。信中提到入春后气候无常，并言自己因病请求奉祠，蒙恩仍复任旧职。信末望予铜雀台瓦砚于十三兄，另寻端石赠送。帖中字字独立却气息连贯，明润流婉而清雅自然，为蔡襄中年时草书佳作。此帖收入蔡襄《自书诗札》册，流传有绪。著录于《清河书画舫》《墨缘汇观》《石渠宝笈三编》。

（秦崇泰）

来示祝令文蒙恩遂倩山窗染翰
並去書以為浼岳君銅山屋壺瓦
硯　十二兄歌詩之可觀實寫具
且弟謝端不在其篆也正月十八日
了
允明謹啟　仁甫足下

[illegible]極八年以來屢以人便心[illegible]

[illegible]日來之[illegible]

[illegible]

[illegible]大[illegible]生大[illegible]

為百病[illegible]發[illegible]

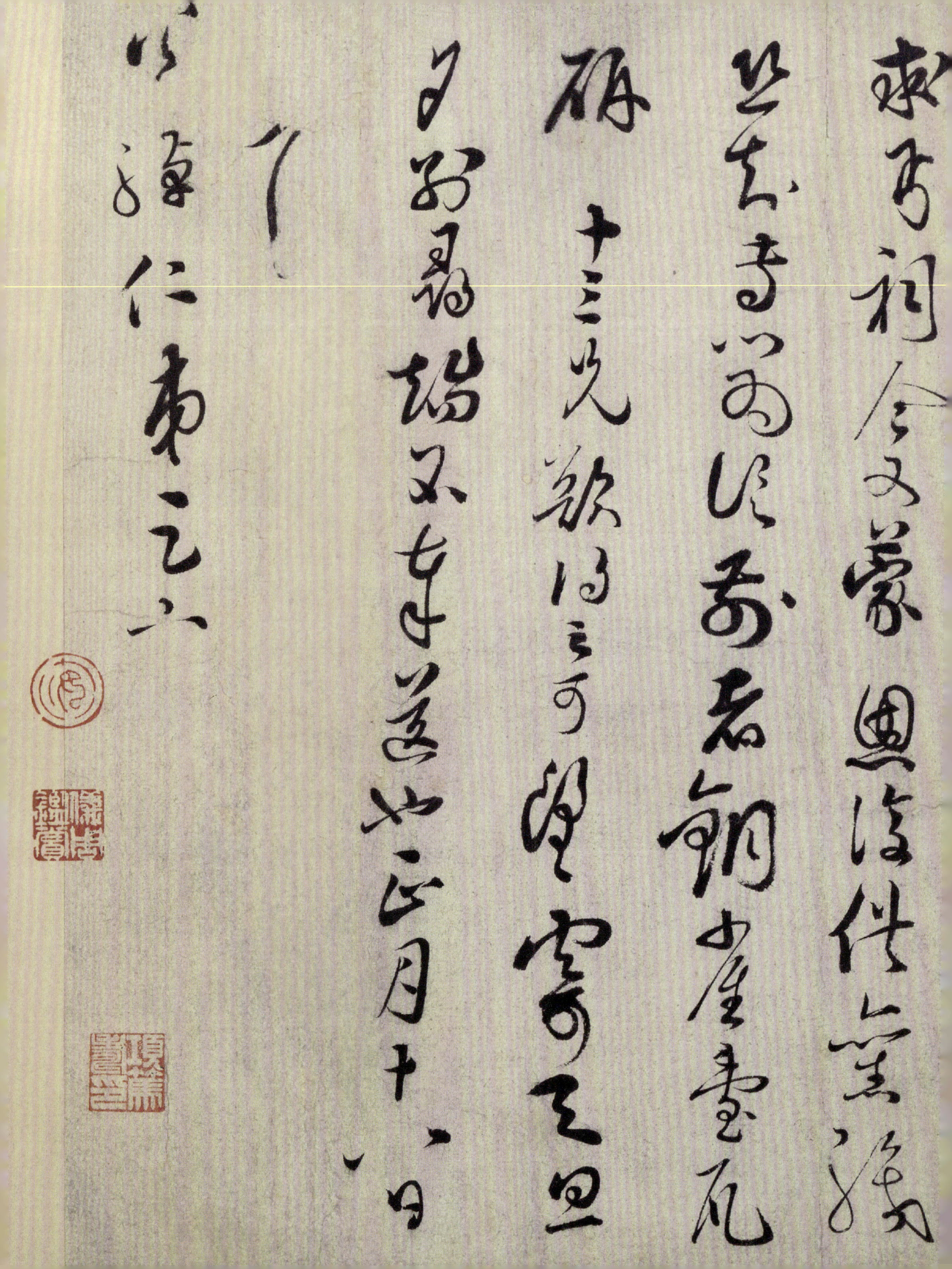

盡風八來策厚少人便之論之哉
之以嗟涼晚者日來之年係論體
示為什書之過宜慕居然平寧
寞工草之玉老皆去矣之大寶生其盛官
為百痛家設雜于文措謹入文學力

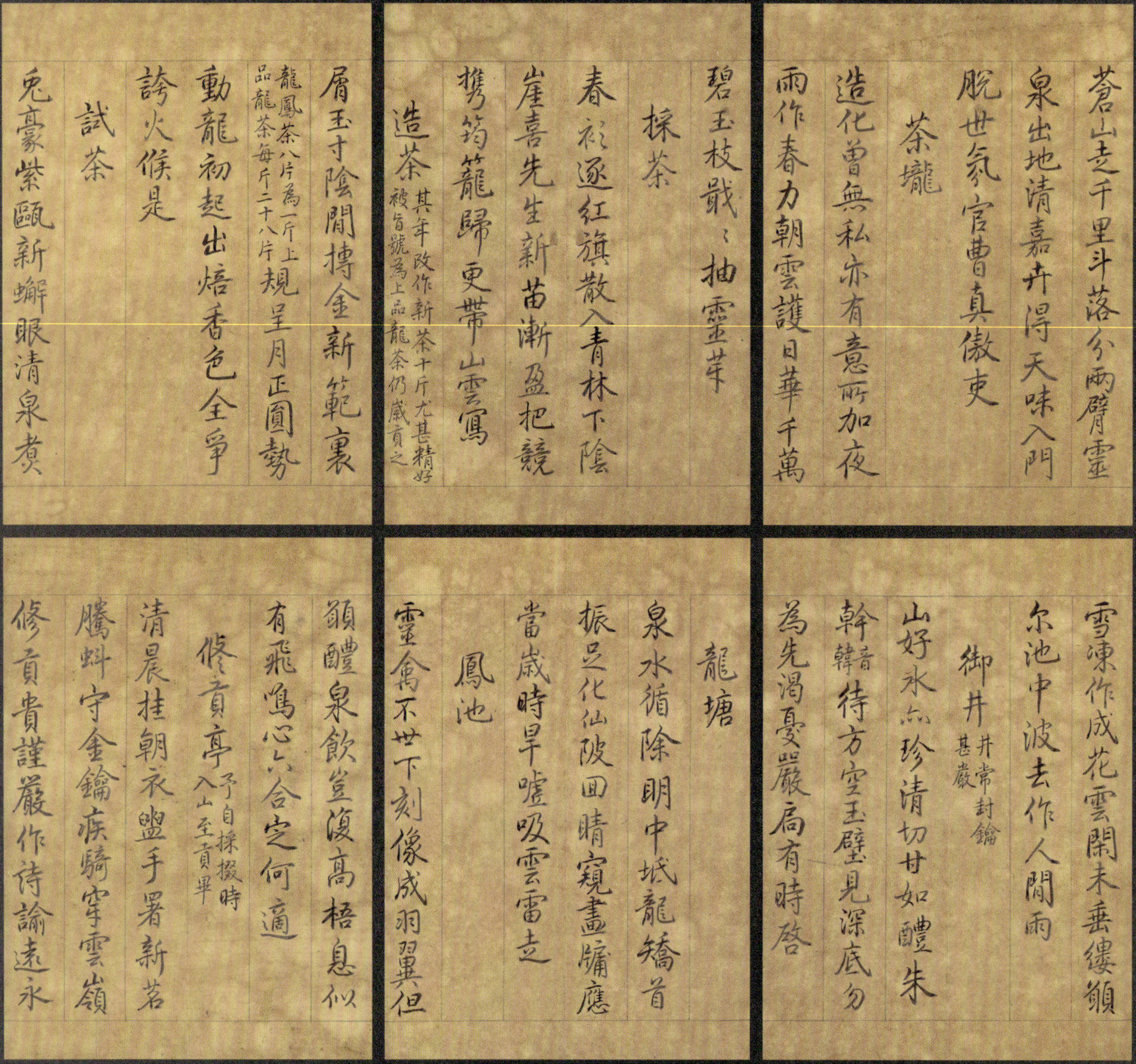

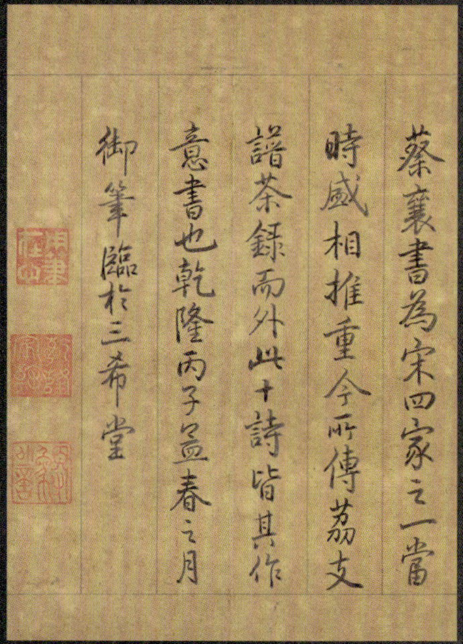

048

弘历临蔡襄《北苑十咏》册

清

纵 20.8 厘米　横 120.0 厘米

故宫博物院藏

此册为乾隆帝临摹蔡襄《北苑十咏》的书法作品。蔡襄（1012—1067），字君谟，兴化军仙游（今福建省仙游县）人，北宋政治家、书法家，曾任福建路转运使，亲自监制北苑贡茶。蔡襄通晶茗之窍，擅茶道，精鉴茶，创制出小龙团茶，并著《茶录》《北苑十咏》等与茶有关的诗文。蔡襄曾在建州北苑官焙监造贡茶，《北苑十咏》组诗记述了北苑的风景、贡茶的点试等内容，对研究北苑贡茶具有参考价值。该册为乾隆皇帝临摹作品，显示出宋代饮茶文化对后世的影响。

（胥瑞颇）

北苑十咏

出東門向北苑路

曉行東城隅光華著諸物

溪漲浪花生山晴鳥聲出

稍〻見人煙川原正蒼鬱

北苑

觀

茶

第四章

Ming 茗
名窑与茶

唐之越窑青釉八棱瓶与青釉碗，以其秀雅为茶事添韵，开启茶器美学先声。宋之兔毫盏、黑釉瓜棱壶、白釉杯碟各具特色，兔毫盏于斗茶中展独特魅力，黑釉瓜棱壶造型别致宜茶，白釉杯碟简约映衬茶香。它们见证茶文化发展，从唐之兴起到宋之盛繁。

宋代五大名窑——汝、官、哥、钧、定，皆与茶渊源深厚。汝窑之温润，官窑之规整，哥窑之独特，钧窑之绚丽，定窑之精巧，皆成茶器佳选。其典雅造型、细腻质感，与茶香交融相衬。茶遇名窑，韵致愈显；名窑盛茶，文化更彰，共铸宋韵风华。

049

越窑青釉八棱瓶

唐

高 22.5 厘米　口径 1.7 厘米　足径 7.2 厘米

故宫博物院藏

瓶呈八棱形，小口、细长颈、丰肩、鼓腹、下腹部渐收，圈足。颈部与肩部相连处凸起两道棱。内、外施青釉，釉层较薄。此瓶器型和釉色与 1987 年陕西省扶风县法门寺唐代塔基地宫出土的唐代越窑秘色瓷八棱瓶相近，因此同属于唐代越窑秘色瓷，代表当时青瓷烧造的最高水平。

（董彦卿）

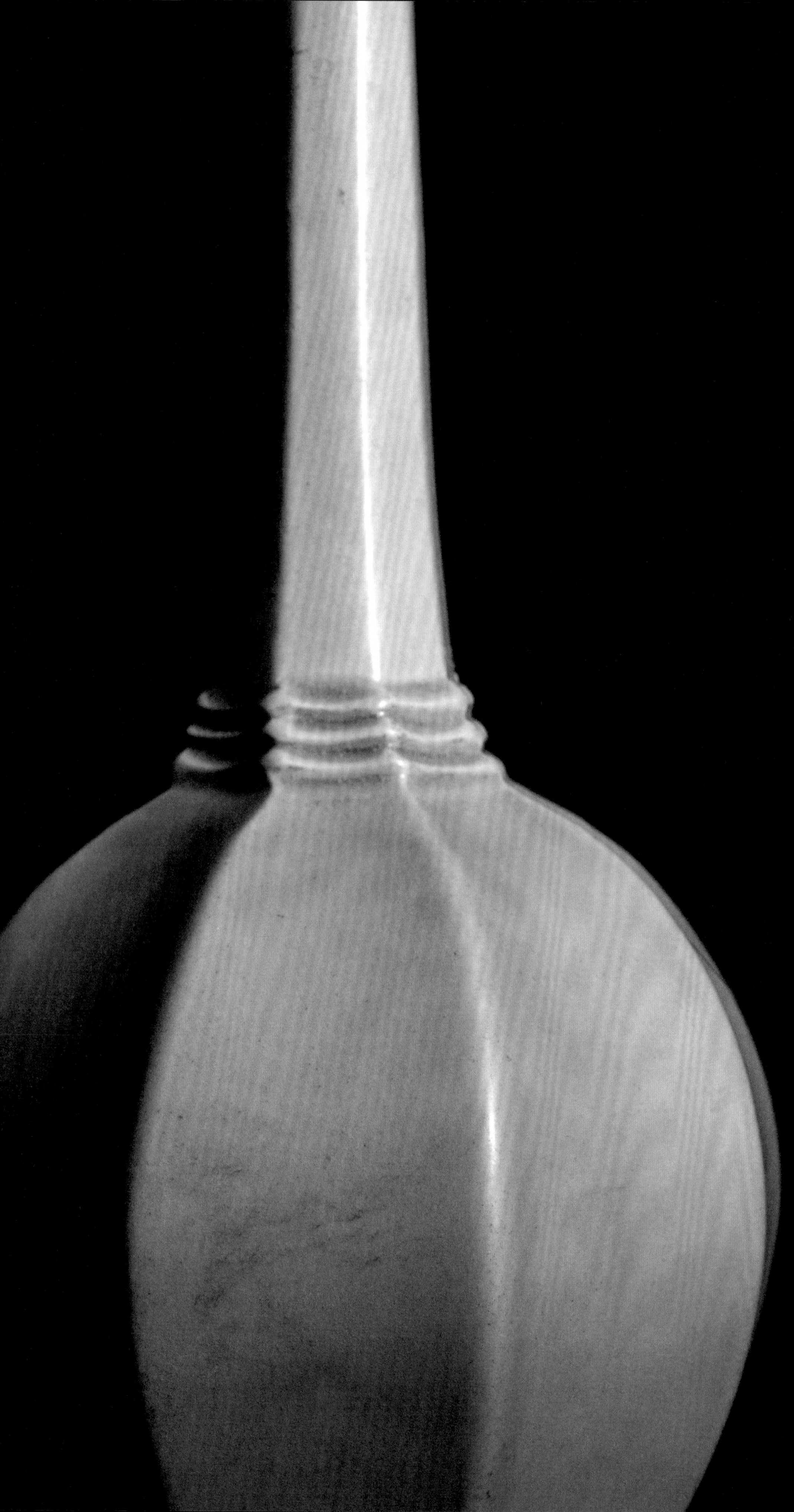

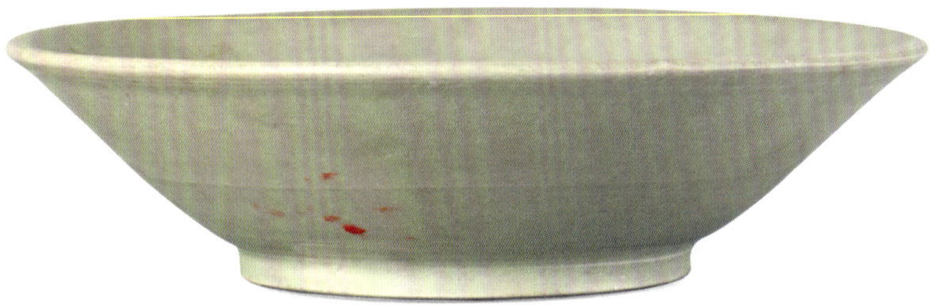

050

越窑青釉碗

唐

高 4.2 厘米　口径 17.1 厘米　足径 8.4 厘米

故宫博物院藏

碗敞口、斜直壁、玉璧形底。碗内、外均施青釉装饰。唐代陆羽在《茶经》中形容越窑青瓷“类玉类冰”，评价越窑碗“碗，越州上”，可见当时越窑茶碗已颇受欢迎。

（董彦卿）

051

白釉碗

唐

高 4.5 厘米　口径 15.2 厘米　足径 6.0 厘米

故宫博物院藏

碗敞口、斜直壁、玉璧形底。碗内、外均施白釉装饰。整体造型规整，釉质温润。

唐代瓷器生产总体形成“南青北白”的地域特征，北方以定窑、邢窑为代表的瓷窑主要烧造白瓷，陆羽《茶经》中形容邢窑白瓷“类银类雪”。

（董彦卿）

052

黑釉瓜棱壶

宋

高 18.7 厘米　口径 8.3 厘米　足径 6.6 厘米

故宫博物院藏

壶为喇叭形口、高束颈、丰肩、瓜棱形腹、圈足。肩部置细长曲形流，对应部位有扁条形执柄。通体施黑釉，口沿处、瓜棱处、柄处呈窑变黄褐色。执壶的器型由来已久，唐代的执壶通常为短颈短流，而宋代的执壶通常为长颈长流的造型。在宋代绘画中的茶事场景，常见有使用类似的长流执壶进行注水点茶的画面。

（董彦卿）

053

建窑黑釉兔毫盏

南宋

高 6.0 厘米　口径 11.0 厘米　足径 3.5 厘米

故宫博物院藏

盏敞口、深弧腹、圈足，口沿下一周内凹。内、外壁均施黑褐色釉，有明显垂釉现象。口沿呈酱褐色，内、外壁在黑色釉面上呈现黄棕色放射状兔毫纹。此盏为宋代建窑典型器型之一，因盏内外壁所呈现的黄棕色放射状条纹，状如兔毛，故称“兔毫盏”。

宋、元时期我国福建、江西、四川、山东等地的瓷窑曾大量烧造黑釉茶盏，这是由于当时斗茶风尚兴起，使用黑釉茶盏，斗茶时击拂产生的白色汤花更加明显。在宋代文人所作诗词中也可见此情景，如蔡襄《茶录》曰：“茶色白，宜黑盏，建安所造者绀黑，纹如兔毫。”梅尧臣《次韵和永叔尝新茶杂言》曰：“兔毛紫盏自相称，清泉不必求虾蟆。”这些诗句与流传至今的建窑茶盏相互印证，成为研究饮茶习俗的重要材料。

（董彦卿）

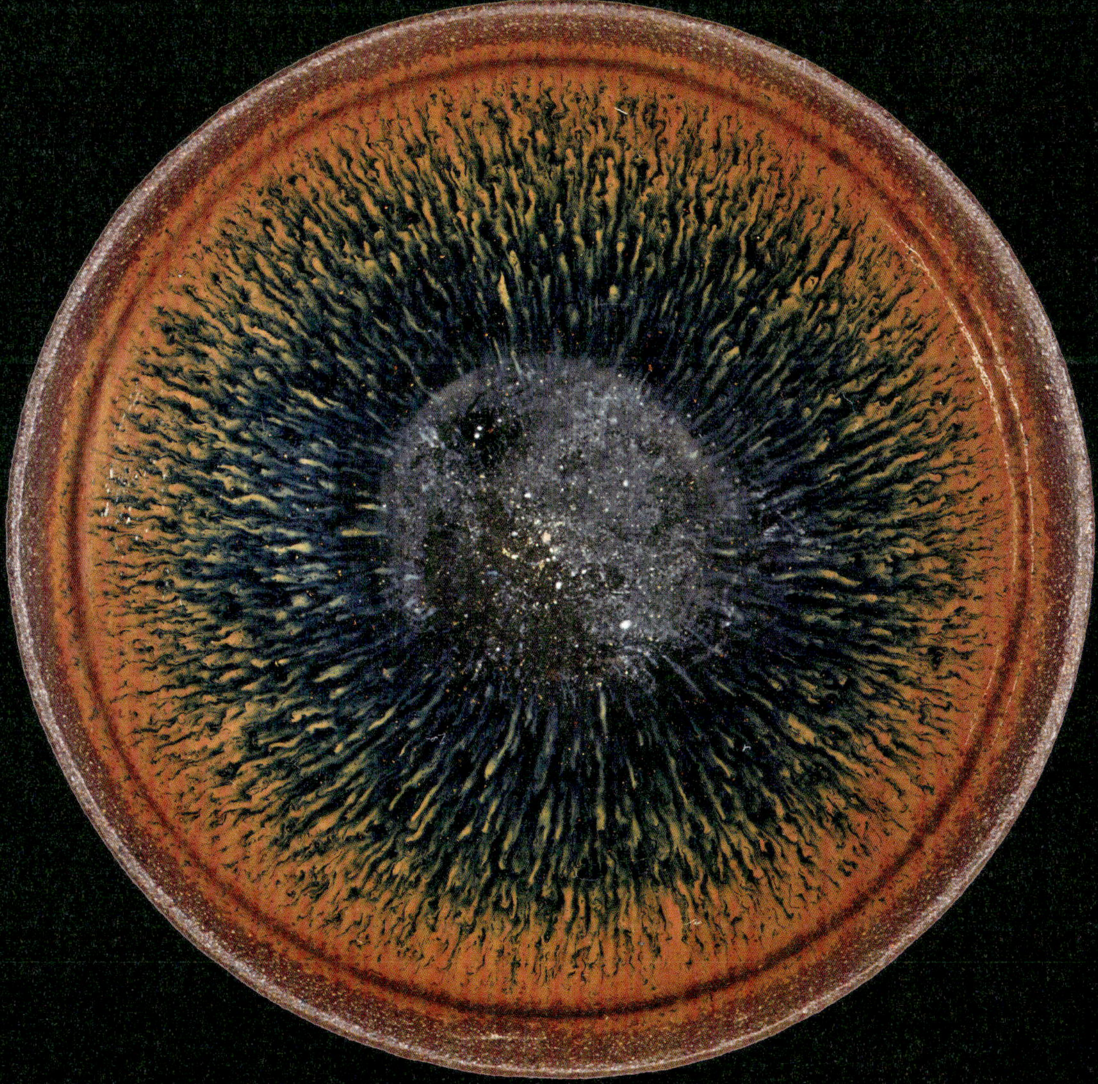

054

白釉盏托

宋

高 5 厘米　口径 5 厘米　最宽处 10 厘米　足径 3.5 厘米

故宫博物院藏

盏托以一小碗和一托盘组成。口微敛，腹底部内收，下接托盘，高圈足。内、外施白釉，外底无釉露胎，呈火石红色。

此器为承托茶盏之用。盏托上部的小碗内底有一周凹槽，茶盏之圈足可稳定嵌于凹槽中，设计巧妙。饮茶时手持盏托，以免烫手。南北朝时已烧造瓷质盏托，唐、宋时期亦颇为流行。从实物观察，见有白瓷盏托和茶盏的器物组合。

（单莹莹）

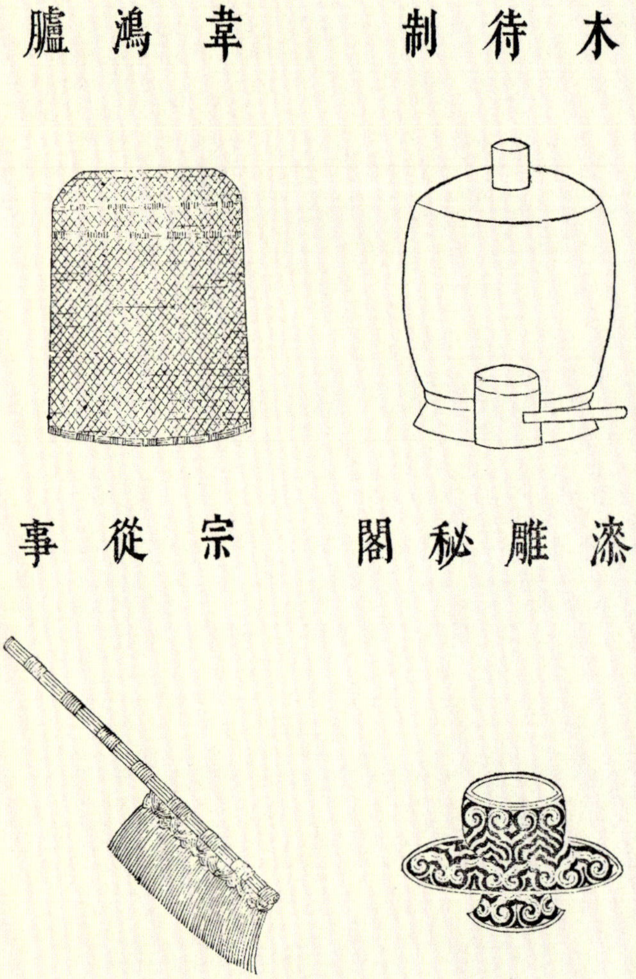

南宋·审安老人《茶具图赞》

点茶法出现于晚唐、五代，流行于宋、元时期。用执壶向茶盏浇注沸水的动作即为“点”，其手法直接影响茶汤的颜色和形态。对茶技与茶艺的精进追求促进了宋代茶文化的形成。

茶具配套齐全，如《茶具图赞》描绘了12种宋代最常用的点茶用具：茶焙、砧椎、茶碾、茶磨、茶勺、茶罗、茶帚、盏托、茶盏、汤瓶、茶筅和茶巾，并拟人化地以官职为之命名。

金法曹

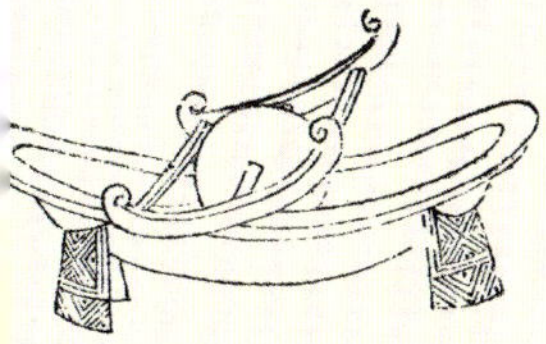

石轉運

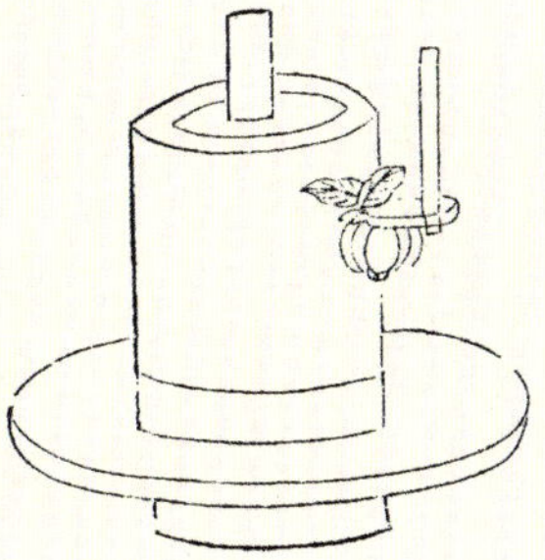

胡員外

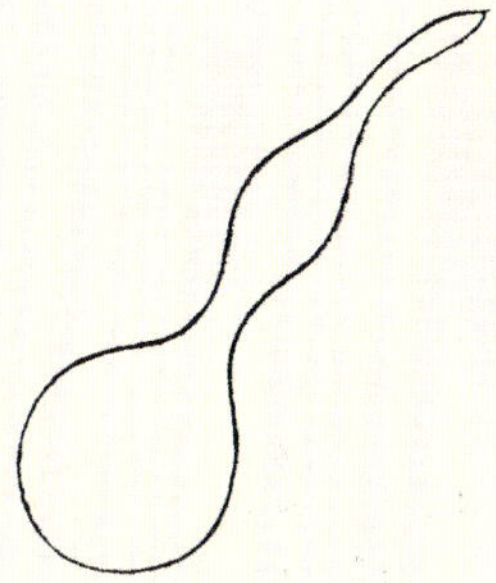

羅樞密

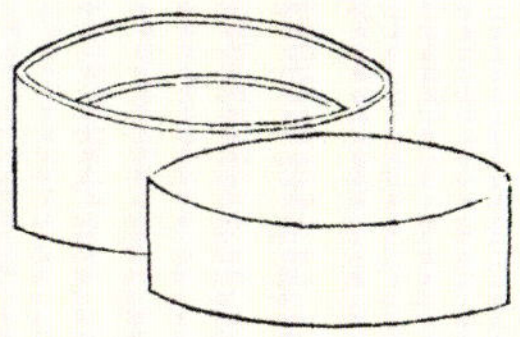

陶寶文

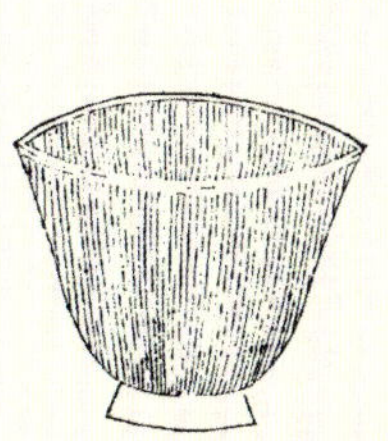

湯提點

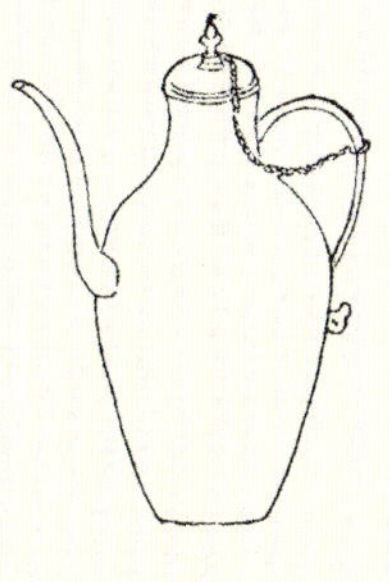

竺副帥

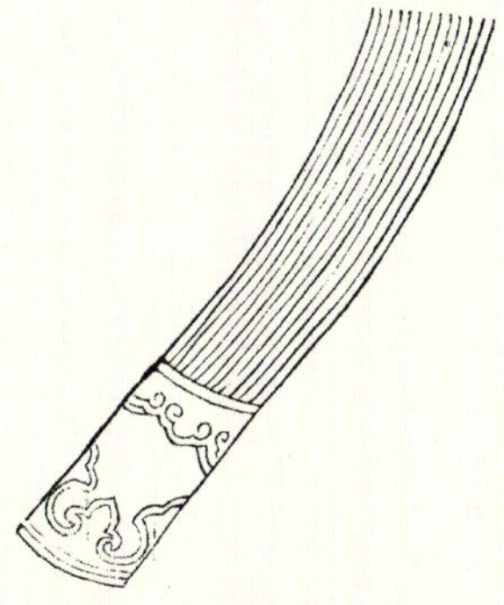

司職方

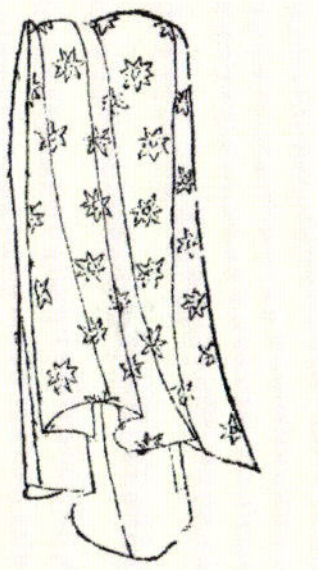

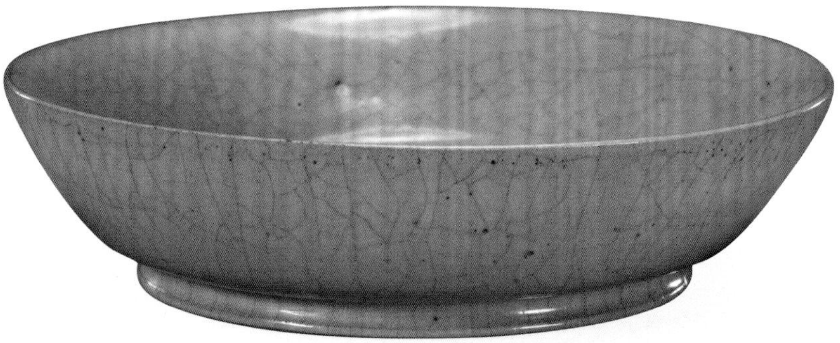

055

汝窑天青釉圆洗

北宋

高 3.3 厘米　口径 13.0 厘米　足径 8.9 厘米

故宫博物院藏

洗敞口，浅弧壁，圈足微外撇。通体施天青色釉，釉质莹润，釉面开细碎片纹。外底有三个细小如芝麻粒状的支烧钉痕，外底中心刻一个篆体“乙”字。传世汝窑瓷器刻“甲”“乙”“丙”字铭文者，一般认为是划分器物等级的标识。清代宫廷档案亦记载乾隆皇帝曾下令在清宫收藏的瓷器和所配架座、囊匣上分别镌刻“甲”“乙”“丙”等用来标注器物等级的字。但从乾隆皇帝御制诗内容看，有的这种标识等级的字在乾隆朝前就已镌刻在器物上了。

（董彦卿）

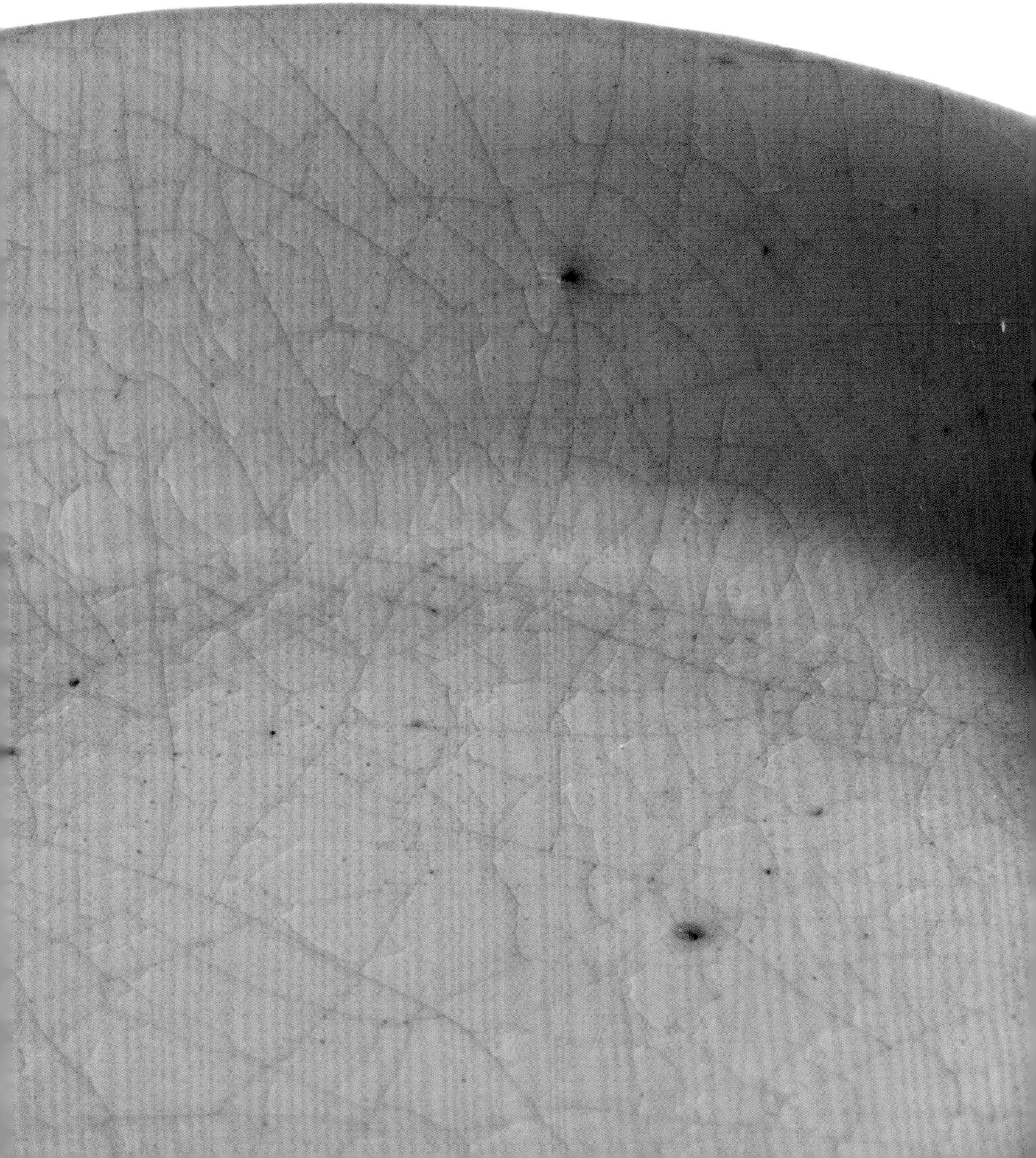

056

官窑青釉葵口碗

南宋

高 4.5 厘米　口径 11.6 厘米　足径 3.9 厘米

故宫博物院藏

碗敞口，口部呈葵花形，斜弧腹、向下渐收，圈足。碗内、外均施青釉，釉面分布大小不一的开片纹，口沿、足端釉薄处呈黑褐色，有“紫口铁足”的特征。釉层较厚，如冰似玉。

（董彦卿）

057

哥窑灰青釉八方杯

南宋

高 4.4 厘米　口径 8.7 厘米　足径 3.2 厘米

故宫博物院藏

此杯口呈八方形，敞口，深弧腹，下腹部渐收，圈足。杯内、外均施青釉，釉面遍布黑褐色和黄色细碎开片。口沿釉薄处映出黑色胎体，足端无釉，呈铁黑色，形成文献记载的“紫口铁足”特征。哥窑瓷器以其“金丝铁线”的釉面特征闻名，即釉面一般开大小两种片纹，大片纹呈黑褐色，小片纹呈黄褐色。

（董彦卿）

058

钧窑天蓝釉鸡心小碗

金—元

高 5.4 厘米　口径 9.4 厘米　足径 3.3 厘米

故宫博物院藏

碗敛口、深弧腹、圈足。内、外壁施天蓝釉，外底中心与圈足无釉。此碗造型小巧可爱。钧釉中因含三氧化二铁经高温氧化还原气氛变成“氧化亚铁”而呈现青色。碗口部施釉较浅呈黄褐色，露胎处呈棕黄色。釉面布满细碎片纹。

辽金时期饮茶习俗深受宋代饮茶方式的影响。据考古发现的辽金时期墓葬壁画中常见“备茶图”“饮茶图”等生活场景，以河北宣化下八里辽代张匡正墓壁画备茶图为例，可见饮茶器具是将茶盏与盏托配套使用。

（王振宇）

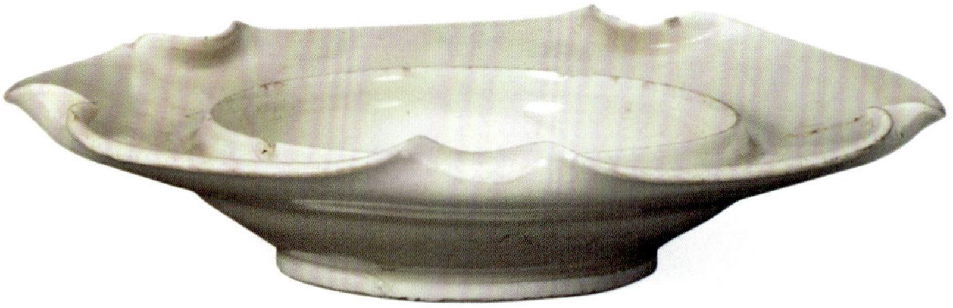

059

定窑白釉盏托

宋

高 2.6 厘米　口径 13.9 厘米　足径 5.5 厘米

故宫博物院藏

盏托呈卷曲荷叶式，下腹部渐收，圈足。通体施白釉，釉色纯净。此盏托为定窑烧造，定窑以烧造白釉和酱釉瓷器闻名。而瓷质荷叶式盏托较为少见，浙江省宁波市和义路遗址曾出土过越窑青釉荷叶式盏托，河北省曲阳县许城东曾出土过定窑白釉荷叶式盏托。

（董彦卿）

060

斗彩鸡缸杯

明

高 3.3 厘米　口径 8.3 厘米　足径 4.1 厘米

故宫博物院藏

杯敞口、斜弧壁、卧足。斗彩装饰。口沿一周以青花绘两道弦纹，外壁以青花勾勒子母鸡追逐觅食的场面，辅以洞石花卉，在轮廓内填红、黄、绿、黑等多种颜色的釉彩，形成釉上彩与釉下青花相互呼应的装饰效果。笔触细腻，画风生动。外底以青花署“大明成化年制”六字楷书年款。

（董彦卿）

大明成化年製
7220 故146644

061

斗彩鸡缸杯

清

高 3.5 厘米　口径 8.3 厘米　足径 4.3 厘米

故宫博物院藏

杯敞口、弧腹、卧足。外壁一周以青花斗彩为饰，釉下青花勾勒纹饰形貌，并成洞石主体，釉上以黄、绿、红、黑彩填形绘貌，洞石花卉区隔两域，皆作雌、雄小鸡。外底以青花署“大明成化年制”寄托款。

明成化时期，斗彩发展为独立的彩瓷品种，斗彩鸡缸杯即是成化斗彩中的经典代表。入清后，康、雍、乾三代皆有仿制成化斗彩鸡缸杯，且各有特点。此件为雍正时期所仿制，器型与成化鸡缸杯相仿，但画面细节有所区别。

（蒋艺）

大明成化年製

062

粉彩鸡缸杯

清

高 7 厘米　口径 8 厘米　足径 4 厘米

故宫博物院藏

杯直口、直腹，圈足。外壁一面以青花粉彩绘童子戏鸡图，庭院中洞石嶙峋，牡丹争艳，雄鸡昂首前行，与童子嬉戏，四只小鸡随母鸡觅食。另一面以黑彩书乾隆皇帝御制诗《成窑鸡缸歌》，落款“乾隆丙申御题”（乾隆四十一年，1776 年）。外底以青花署篆体“大清乾隆仿古”款。

乾隆时期，对前代鸡缸杯的仿制别出新意，只保留了纹饰中鸡的画面主题。此器虽署仿古款，实则为乾隆时期的创新。

（蒋艺）

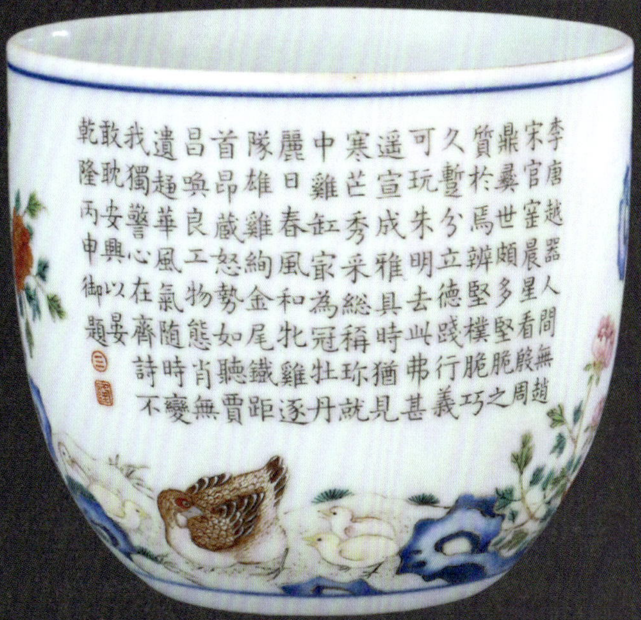
李唐越器人間無趙
宋官窑晨星看殿周
鼎彞世頗多堅脆之
質於馬辨堅樸脆巧
久暫分立德踐行義
可玩朱明去此弗甚
遥宣成雅具時猶見
寒芒秀采総稱珎就
中雞缸家為冠壯丹
麗日春風和牝雞逐
隊雄雞絢金尾鐵距
首昂藏怒勢如聽賈
昌喚良工物態肖無
遺趨華風氣隨時變
我獨警心在齋詩不
敢耽安興以晏
乾隆丙申御題

063

佚名绘胤禛行乐图册之一

清

纵 37.5 厘米　横 30.5 厘米

故宫博物院藏

行乐图是中国人物画的一种，一般以描绘皇家的娱乐生活为主题。清世宗雍正皇帝（1678—1735），名胤禛，公元 1723—1735 年在位。雍正喜好命画家给自己绘制画像，其行乐图数量众多，特点亦十分鲜明。

宁静、恬淡是雍正皇帝行乐图主要营造的氛围，也是雍正行乐图最主要的特征，也与其他帝王的“行乐图”形成巨大反差。雍正行乐图与其编选的诗文集《悦心集》关系紧密。很多行乐图和文集中诗文的内容和意境完全一致。

画中皇帝着装奇特，服饰类别丰富是雍正行乐图的重要特点。满族入关以来，为防止本民族被汉族快速同化，清政府明令禁止满人穿汉装，但雍正皇帝在行乐图中，大多着汉服，扮为村夫、文士、官吏等。此外，雍正还有穿蒙古族、藏族和西洋文艺复兴后期、新古典时期服装的行乐图。这在中国古代可以说是绝无仅有。

此外，因为雍正行乐图多数是人物画和肖像画、山水画的综合，人物背景画法工细而写实，从中也可以领略雍正时期宫廷山水、肖像画的风采，了解当时建筑布局、居室陈设等情况。

雍正行乐图反映了皇帝日常生活的情景，或者是皇帝追求的生活意境。

本幅描绘雍正皇帝身着汉族文士服装，悠然坐于太湖石座上，湖石上置紫砂提梁壶，雍正皇帝手持鸡缸杯。

（李天垠）

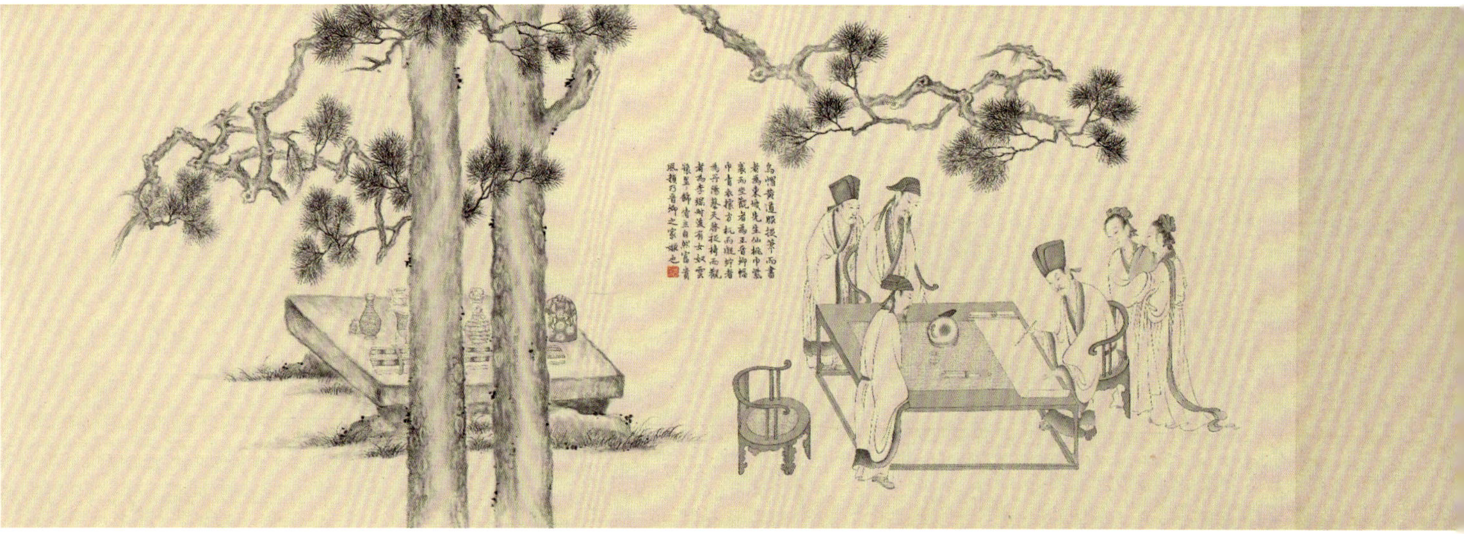

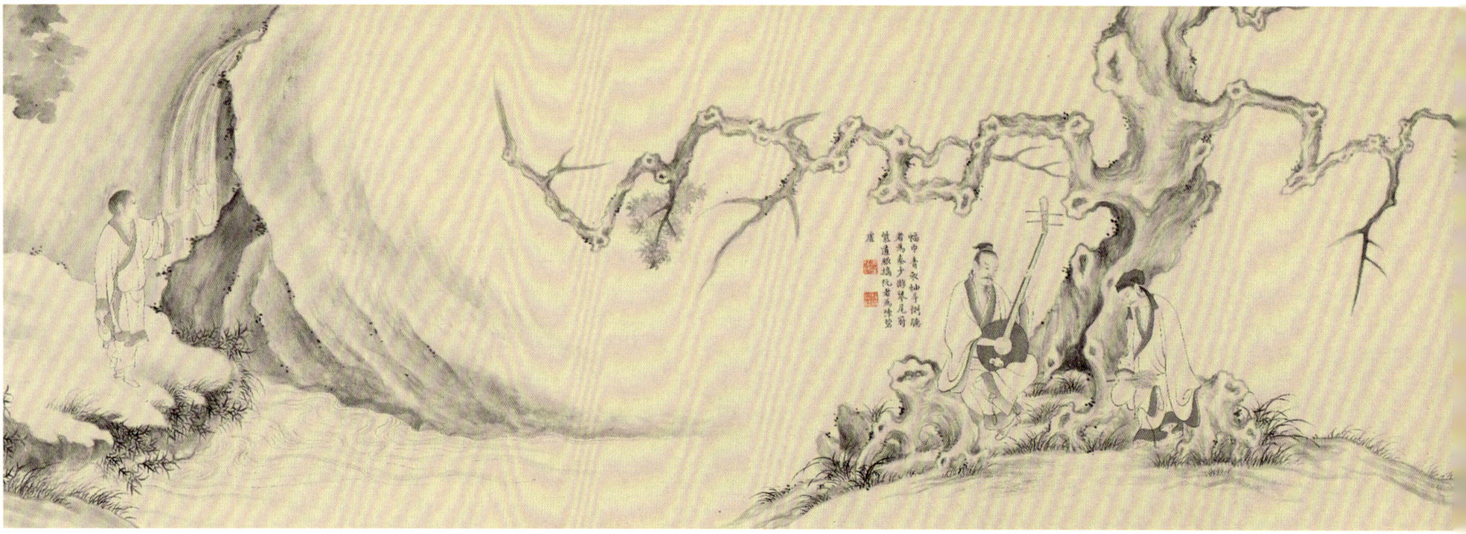

064

弘历临宋人西园雅集图卷

清

纵 32.1 厘米　横 336.5 厘米

故宫博物院藏

弘历（1711—1799），清高宗纯皇帝，姓爱新觉罗，建元乾隆。游艺于笔墨之间，兼擅山水、花草。

此画以宋人《西园雅集图》为底本临仿，描绘了苏轼、苏辙、黄庭坚、米芾、李公麟等应王诜之邀，于西园雅集的场景。乾隆帝自识："乾隆丁卯清和月下浣之五日，仿宋人西园雅集图于圆明园之画禅室并书记"，可知该画作于乾隆十二年（1747），乾隆帝时年三十七岁。画上另有董邦达款："翰林院侍读学士臣董邦达奉敕恭补树石。"

（胥瑞頔）

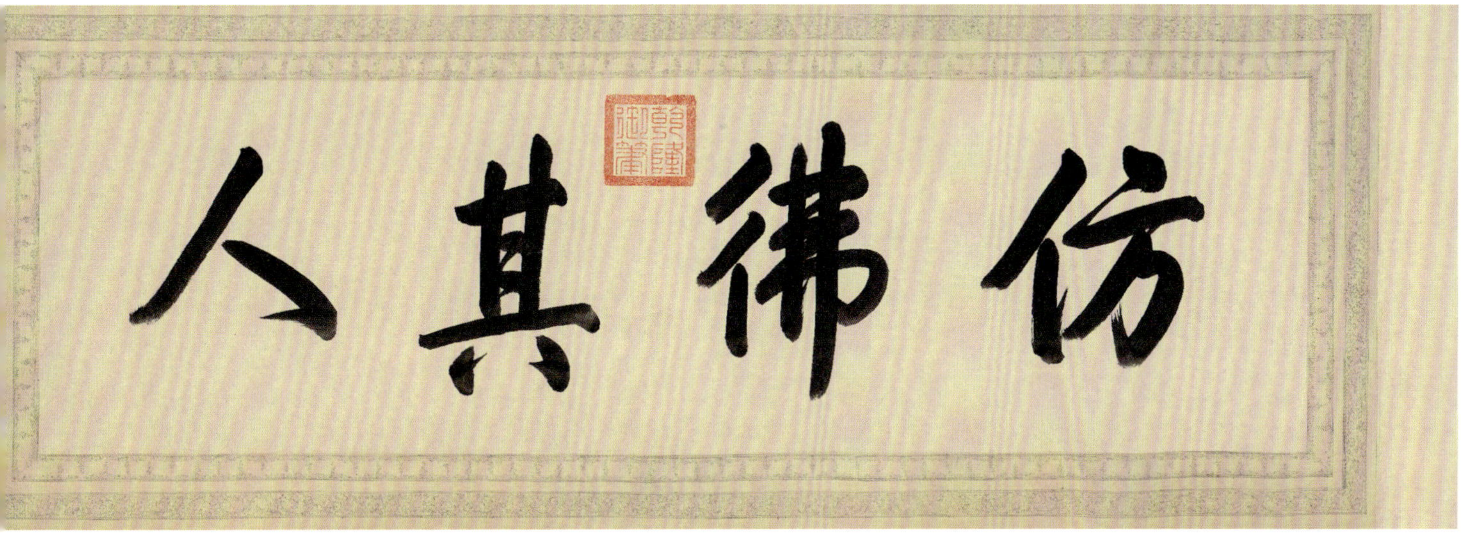
仿佛其人

乾隆丁卯清和月下浣之五日倣宋人西園雅
集圖於圓明園之畫禄室并書記
翰林院侍讀學士臣董邦達承

明唐寅《品茶图》，台北故宫博物院藏

第五章

Chuan 荈
紫禁茶事

清代是茶文化发展的又一高峰。一方面，清代贡茶制度成熟，贡茶区域广阔、茶叶品类繁多，使得清代宫廷成为中国历史上唯一一个有贡茶实物传世的所在。另一方面，清代贡茶制度在保障地方稳定为宫廷提供茶叶的同时，构建起宫廷与民间茶文化交流的途径，带动了民间饮茶风气的兴盛。而且，由于清沿明制，使用泡茶法，千年茶事，化繁为简。民间茶馆如雨后春笋般出现，成为各阶层进行社会活动的重要场所。茶也逐渐转变为百姓开门七件事“柴米油盐酱醋茶”之一。

唐伯虎《事茗图》与文徵明《茶具十咏图轴》皆为茶画经典。乾隆帝对唐寅的《品茶图》十分喜爱，题诗众多，足见其对唐伯虎才情之倾慕。其以文徵明茶具十咏反复题咏，可见对这些佳作之关注。在乾隆的御制诗中，茶画与诗意交织，彰显其于茶文化里，借前人妙笔，抒自身对茶之钟情与感悟。

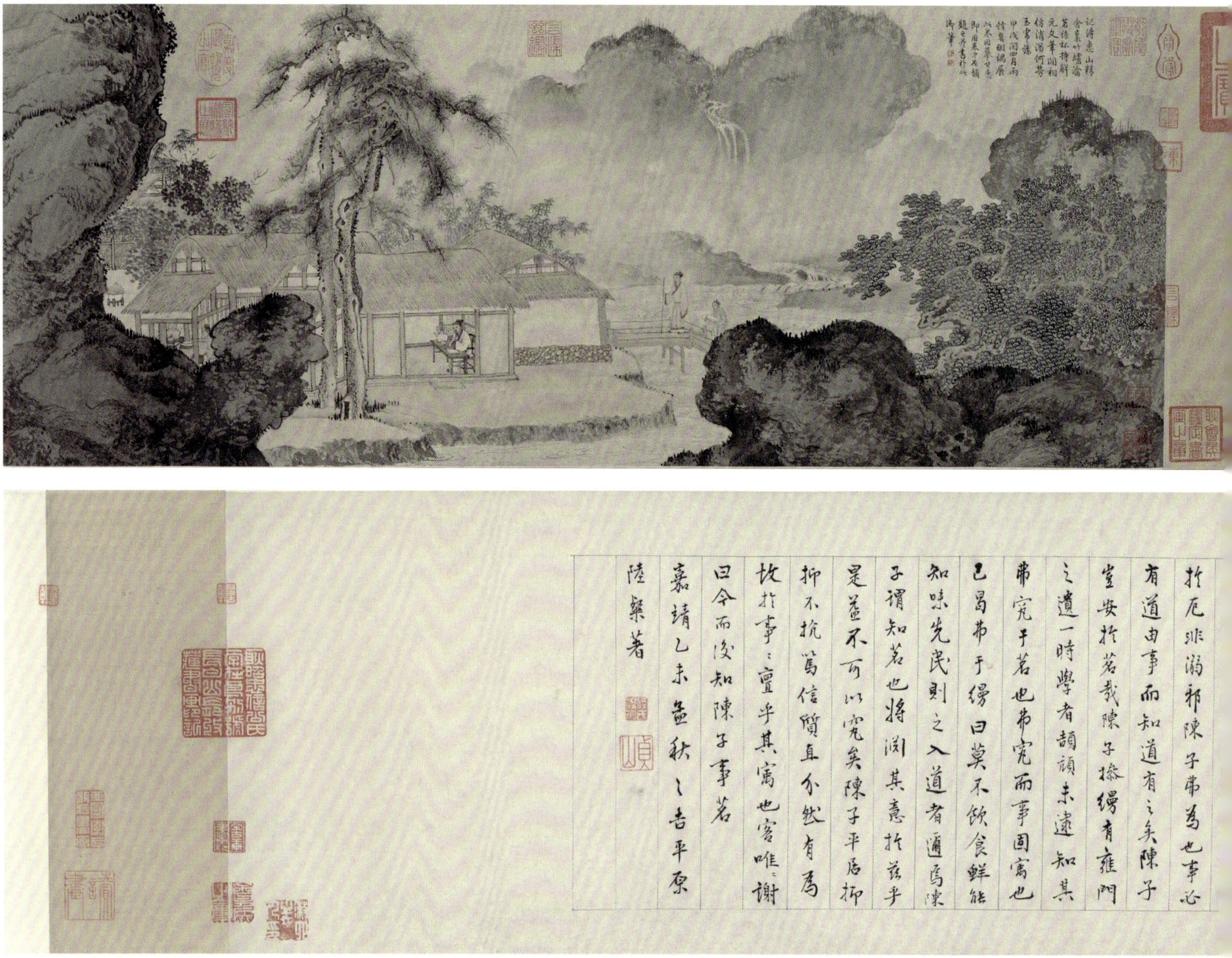

065

唐寅绘事茗图卷

明

纵 31.1 厘米　横 105.8 厘米

故宫博物院藏

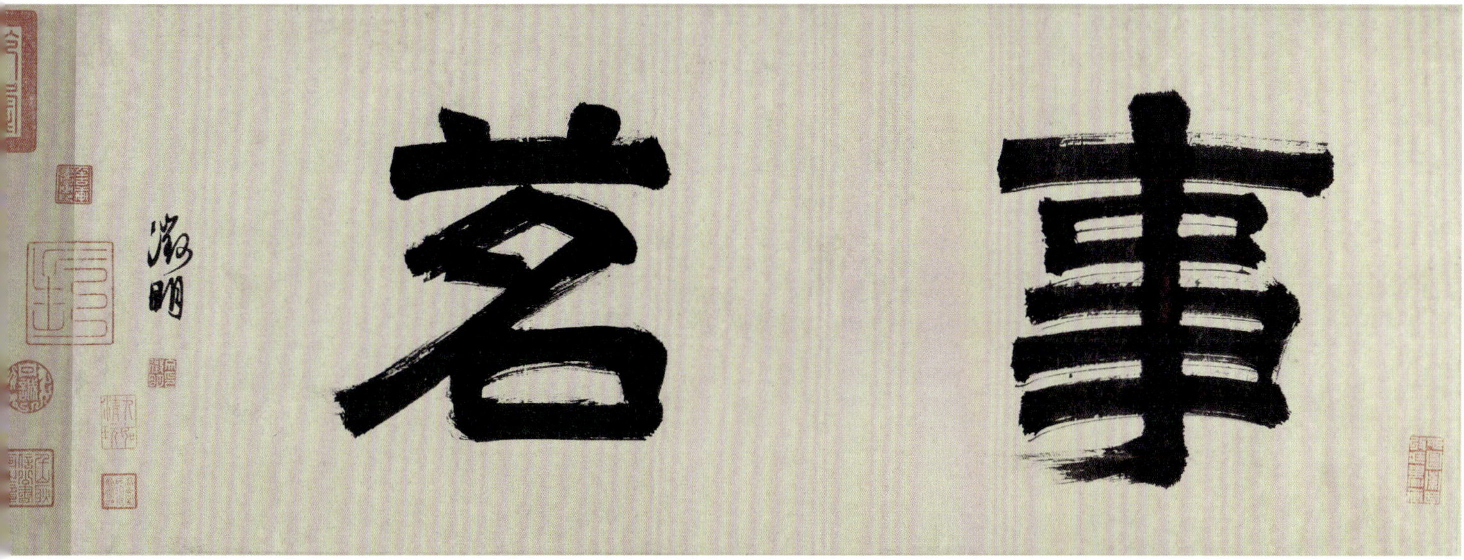

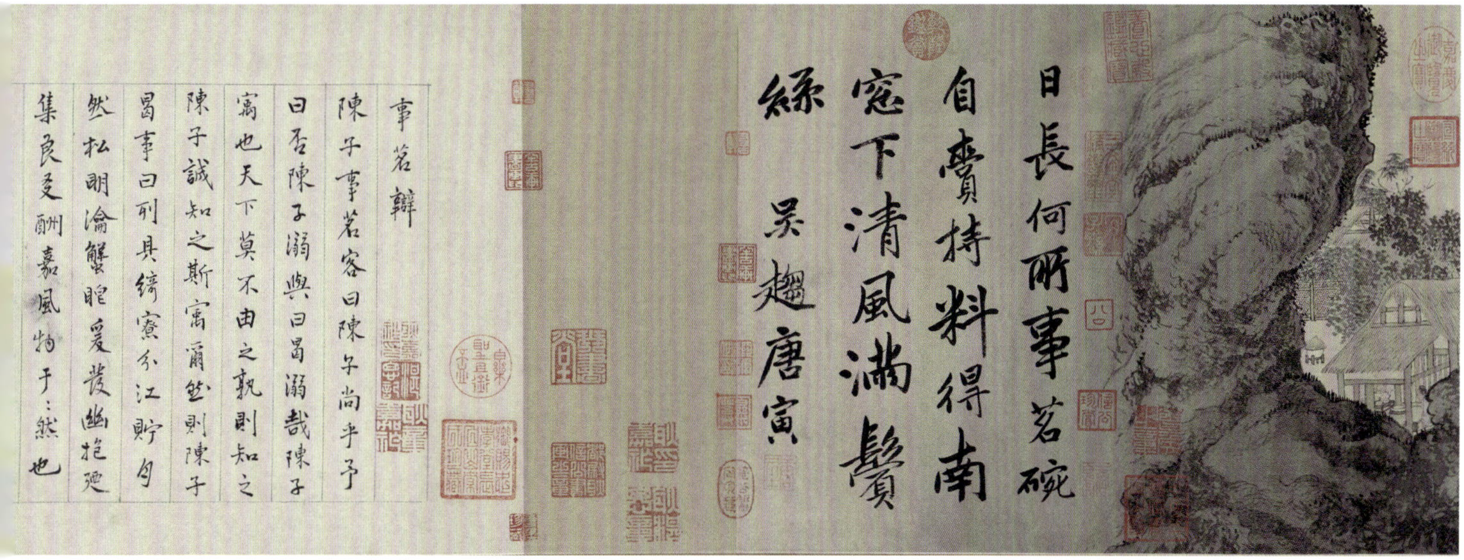

唐寅，字伯虎、子畏，号六如居士、桃花庵主等。吴县（今江苏省苏州市）人，为“吴中四才子”之一。此图引首有文徵明题“事茗”二字，款署“徵明”。钤“文徵明印”。“事茗”姓陈，是王宠邻友，为唐寅、王宠诸人之朋辈，交往甚多。唐寅以“事茗”为题作此图，绘文人雅士品茶的闲适生活。

此图构图巧妙，别出新意，层次分明。近景绘巨石侧立于画面，墨色浓重，皴染丰富，结构分明。向远望去景色淡雅秀润，在山环水抱，苍松翠竹间，临溪处有数间屋舍，屋中一人正伏案读书，其身后书画满架，书案之上放置一把大壶，从形制上看，应是紫砂壶。边舍内有一童子在扇火煎茶，旁边桌案上摆放着茶壶、茶盏等茶具。舍外溪桥流水，应邀前来品茗的老者正策杖缓步来访，身后一童子抱琴相随。画面左侧的题诗写道：“日长何所事，茗碗自赍持。料得南窗下，清风满鬓丝。”本幅中另有乾隆帝御笔题记：“记得惠山精舍里，竹垆瀹茗绿杯持。解元文笔闲相仿，消渴何劳玉虎丝。甲戌闰四月雨余，几暇偶展此卷，因摹其意，即用卷中原韵题之，并书于此。御笔。”钤印“古香”白文方印、“太缶”朱文方印。另有清内府鉴藏诸印，此卷著录于清内府《石渠宝笈初编》。

明代中晚期，紫砂壶受文人喜爱。陆廷燦《续茶经》载：紫砂壶“能发真茶之色香味”。明代的紫砂壶比较大，尤其像图中的提梁壶，造型浑厚，短颈，壶身略扁圆，腹部以下微收，壶身表面光洁素净，有煮水、煎茶的功能。此图描绘了明代文人群体抚琴品茗的理想化生活，寄托了文人雅士淡泊明志的心性追求。

（杨博然）

066

文徵明绘茶具十咏图轴

明

纵 136.1 厘米　横 26.8 厘米

故宫博物院藏

文徵明六十五岁作。墨笔画篱落草堂中一文士箕坐品茗，侧室茶具陈列，童子吹火烹煮。堂后松木挺拔，上方染出远峰，益见清幽。右下钤“徵仲父印”白文方印、“徵明”朱文方印、“衡山”朱文方印。本幅上方小楷书仿唐陆龟蒙《茶具十咏》，自题：“嘉靖十三年，岁在甲午，谷雨前三日，天池、虎丘茶事最盛。余方抱疾，偃息一室，弗往能与好事者同为品试之会。佳友念我，走惠二三种，乃汲泉吹火烹啜之。辄自第其高下，以适其幽闲之趣。偶忆唐贤皮、陆辈《茶具十咏》，因追次焉。非敢窃附于二贤后，聊以寄一时之兴耳。漫为小图，遂录其上。衡山文徵明识。”后钤“徵”“明”朱文方连珠印。

此图人物衣纹刻画简洁，草堂前坡石用干笔，略加皴染，焦墨点苔。树木枝叶或以细碎墨点，或水墨晕染，层次井然。居中虬松藤枝缠绕，造型奇古。构图繁中有简，景物开阔，笔墨工稳中见苍劲，营造出清雅闲适的氛围，体现出文徵明细笔画的自家艺术风貌。

明代中后期，江南地区经济文化发达，文人盛行结社雅集。他们往往于春秋佳日，携带茶具，召集同好，前往产茶名地或名泉，品茗赋诗唱和，会后还要图画纪念。苏州吴县的虎丘茶，在当时享有盛誉，与钱塘之龙井茶齐名。虎丘谷雨前后的茶会，文徵明因身体不适未能前往，却得到当日参加茶会同好者的馈赠，遂品评其高下，并作《茶具十咏》以纪念，反映出当时文人间浓郁的茶文化氛围。他们不但对茶叶的品质特别重视，同时对茶具、泉水及饮茶环境也追求极致，如文徵明《惠山茶会图》（故宫博物院藏），就描绘了吴门文士清明时各自携带茶具前往有“天下第二泉”之称的惠山举行茶会的记录；文徵明七十岁时为友人王毂祥所绘的《临榭煎茶图》（天津博物馆藏），即表现出明代文人对于清幽雅洁的品茗环境的追求。

文徵明（1470—1559），初名璧，后以字行，又改字徵仲，号衡山居士，南直隶长洲（今江苏省苏州市）人。绘画“明四家”之一，造诣全面，山水、人物、花卉无一不工，为沈周之后吴门画派的领袖，影响深远。

画轴曾经民国上海实业家孙煜峰、著名书画鉴藏家张珩先后收藏，钤“孙煜峰珍藏印”“弘一斋书画记”及“张珩私印”，著录于张氏《韫辉斋藏唐宋以来名画集》。

（马顺平）

茶塢

巖隈藝靈樹高下鬱成塢雷散一山寒春生昨夜雨
棧石分瀑泉梯雲探烟縷人語隔林聞行行入深迂

茶人

自家青山裡不出青山中生涯草木靈歲事烟雨功
荷鋤入蒼靄倚樹占春風相逢相調笑歸路還相同

茶笋

東風吹紫苔一夜一寸長烟華綻肥玉雲蕤凝嫩香
朝來不盈掬暮歸難傾筐重之黄金如輸貢堪頭綱

茶籝

山匠運巧心縷筠裁雅器絲含故粉香箬帶新雲翠
携攀蘿雨深歸染松風膩冉冉血花斑自是湘娥淚

茶舍

結屋因巖阿春風連水竹一徑野花深四鄰茶荈熟
夜聞林豹啼朝看山麋逐粗足辦公私逍遥老空谷

茶竈

處處鬻春雨青烟映遠峰紅泥壘白石朱火然蒼松
紫英凝面薄香氣襲人濃靜候不知疲夕陽山影重

茶焙

昔聞鑿山骨今見編楚竹微籠火意温密護雲芽馥
體既静而貞用亦和而燠朝夕春風中清香浮茅屋

茶鼎

斵石肖古製中容外堅白煮月松風間幽香破蒼壁
龍頭縮蠢勢蟹眼浮雲液不使彌明嘲自適王濛厄

茶甌

疇能鍊精珉範月奪素魄清宜鶴雪人雅愜吟風客
穀雨鬭時珍乳花凝處白林下晚未收吾方遲來客

煮茶

花落春院幽風輕禪榻靜活火煮新泉涼蟾墮圓影
破睡策功多因人寄情永仙遊恍在茲悠然入靈境

嘉靖十三年歲在甲午穀雨前三日天池虎丘茶事最
盛余方抱疾偃息一室弗能往與好事者同為品試之
會佳友念我走惠二三種乃汲泉吟火烹啜之輒自第其
高下以適其幽閒之趣偶憶唐賢皮陸輩茶具十詠因
追次焉非敢竊附於二賢後聊以寄一時之興耳漫為小
圖遂錄其上衡山文徵明識

067

五彩十二月花卉纹杯

清

高 4.9 厘米　口径 6.7 厘米　足径 2.6 厘米

故宫博物院藏

康熙款五彩十二月花卉纹杯一套 12 件，撇口深弧腹圈足，胎薄釉亮。外壁一面绘每月花卉，另一面题对应诗句，诗末钤“赏”字闲章，外底署“大清康熙年制”款。属酒杯，代表康熙青花五彩薄胎瓷最高水平。工艺较青花更复杂，均撇口、深弧腹、圈足。内、外和圈足内均施白釉，足端无釉。胎体轻薄，釉面光亮。外壁一面以青花五彩装饰，描绘代表十二月中某个月的花卉，另一面题写与花卉相对应的诗句。

诗末均钤青花篆体“赏”字方形闲章。杯外底均署青花楷体“大清康熙年制”六字双行外围双圈款。

此种套杯属于酒杯，在清代宫廷留存瓷器中数量较大，其品质高度统一、修坯规整、胎薄体轻、纹饰规范、款识精致、字体标准，代表了康熙朝景德镇御窑厂制作青花五彩薄胎瓷的最高水平。杯的造型、画面布局、诗句内容、款识字体等，均与康熙青花十二月花卉图题诗句杯一致，两者应出自同一画样，烧造于同一时期。与青花品种相比，五彩杯需要两次烧成，制作工艺更为复杂，难度更大。

（蒋艺）

一月，迎春花，题“金英翠萼带春寒，黄色花中有几般”。

二月，杏花，题“清香和宿雨，佳色出晴烟”。

三月，桃花，题“风花新社燕，时节旧春农”。

四月，牡丹花，题“晓艳远分金掌露，暮香深惹玉堂风”。

五月，石榴花，题“露色珠帘映，香风粉壁遮”。

六月，荷花，题“根是泥中玉，心承露下珠”。

七月，兰花，题“广殿轻香发，高台远吹吟”。

八月，桂花，题“枝生无限月，花满自然秋”。

九月，菊花，题“千载白衣酒，一生青女香”。

十月，月季花，题“不随千种尽，独放一年红”。

十一月，梅花，题“素艳雪凝树，清香风满枝”。

十二月，水仙花，题“春风弄玉来清昼，夜月凌波上大堤”。

068

白地矾红彩题“荷露烹茶”诗盖碗

清

通高 8.8 厘米　口径 8.8 厘米　足径 3.6 厘米

故宫博物院藏

碗敞口、深腹、圈足。拱形盖，抓手钮，盖顶及碗足内均以矾红彩书“大清乾隆年制”六字篆书款。盖顶边沿、碗口、足边描金，抓钮外壁、足墙分绘几何纹饰，盖面上部、碗口沿分绘如意云纹和蝙蝠纹一周。盖面、碗身满书乾隆《荷露烹茶》诗文。

盖面书乾隆二十四年（1759）作《荷露烹茶》诗文，“秋荷叶上露珠流，柄柄倾来盎盎收。白帝精灵青女气，惠山竹鼎越窑瓯。学仙笑彼金盘妄，宜咏欣兹玉乳浮。李相若曾经识此，底须置驿远驰求。”诗后署“乾隆己卯御制”，钤“乾隆”红彩方章。碗外壁书乾隆二十九年（1764）作《荷露烹茶》诗文，与茶壶上御制诗相同，诗后署“荷露烹茶一律”及“乾隆甲申御题”，钤“乾”“隆”红彩连珠印。

（郑宏）

乾隆己卯
御製

069

白地矾红彩题“荷露烹茶”诗茶盘

清

高 2.2 厘米　长 19.8 厘米　宽 13.0 厘米

故宫博物院藏

茶盘长方形，浅壁，平底，底四周有六条形足。盘口沿描金，矾红彩绘纹饰。口沿下为一周蝙蝠纹，内底长方形开光内绘荷花诗句纹，图中荷叶高低错落，翻卷自如，荷花开于其间，一派生机盎然的荷塘景色，空白处书乾隆二十四年（1759）作《荷露烹茶》诗文，诗后署“荷露烹茶一律”及“乾隆御题”，钤“乾”“隆”红彩连珠印。开光外为一周朵莲纹，外底绘勾莲纹，中心红彩书“大清乾隆年制”六字篆书款。

（郑宏）

5107 故157339
秋荷葉上露珠流
柄柄傾来盎盎収
白帝精靈青女氣
惠山竹鼎越窰甌
學仙笑彼金盤妄
宜詠欣兹玉乳浮
李相若曾經識此
底須置驛遠馳求
荷露烹茶一律
乾隆御題

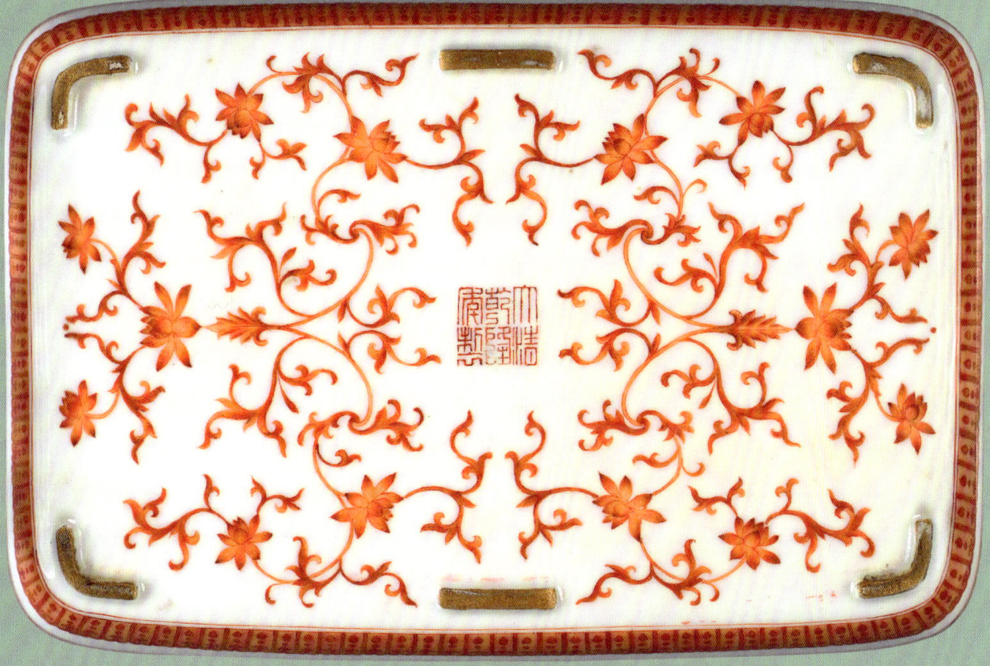
大清乾隆年製

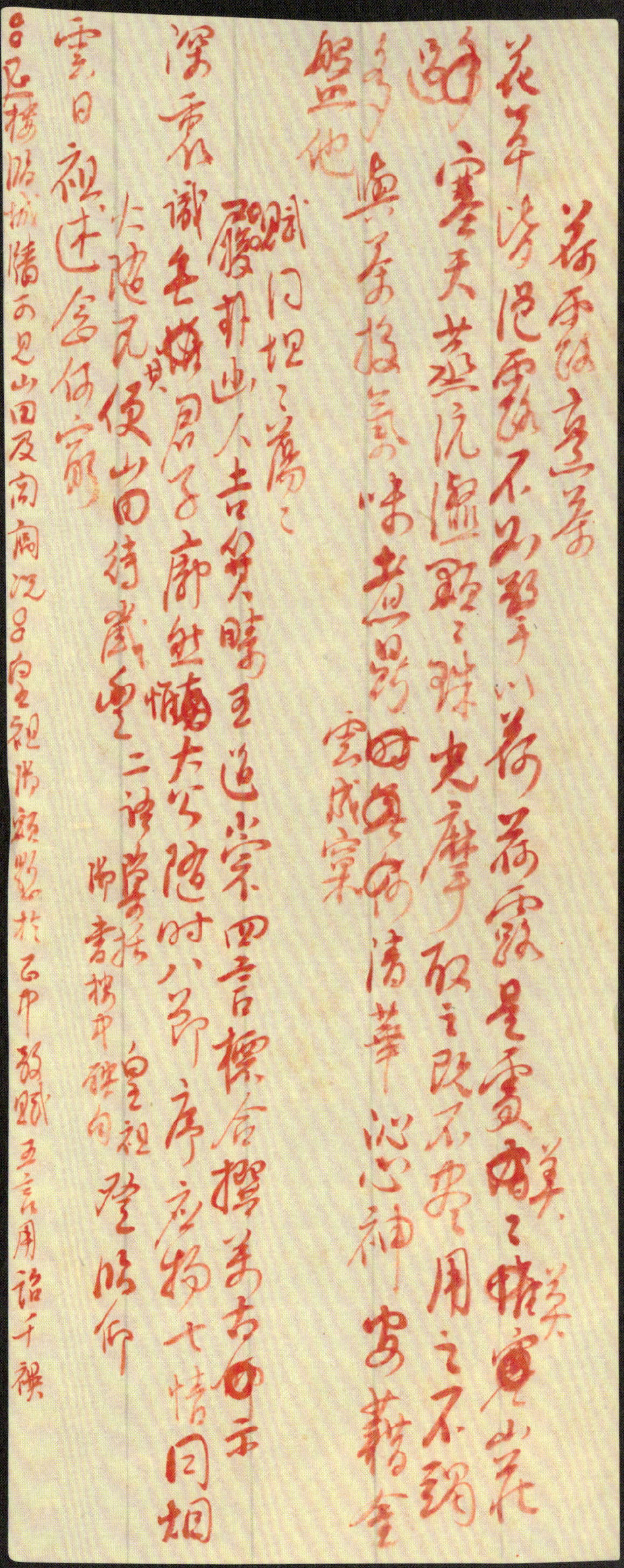

070

弘历书荷露烹茶诗稿

清

纵 22.3 厘米　横 9.0 厘米

故宫博物院藏

《荷露烹茶》诗稿书于乾隆二十九年（1764），弘历时年五十四岁。乾隆帝烹茶好取“天地之水”。各处名泉为地之水，雪水、露水则属天之水。泉水烹茶不及天之水，天之水中，以冬日雪水、夏日露水为佳，而花草上的露水，尤以避暑山庄的荷露为妙。山庄荷露与茶气味最投，沁人心神，深得乾隆帝喜爱，数次被乾隆帝以诗文吟赞，本作便属其一。

（秦崇泰）

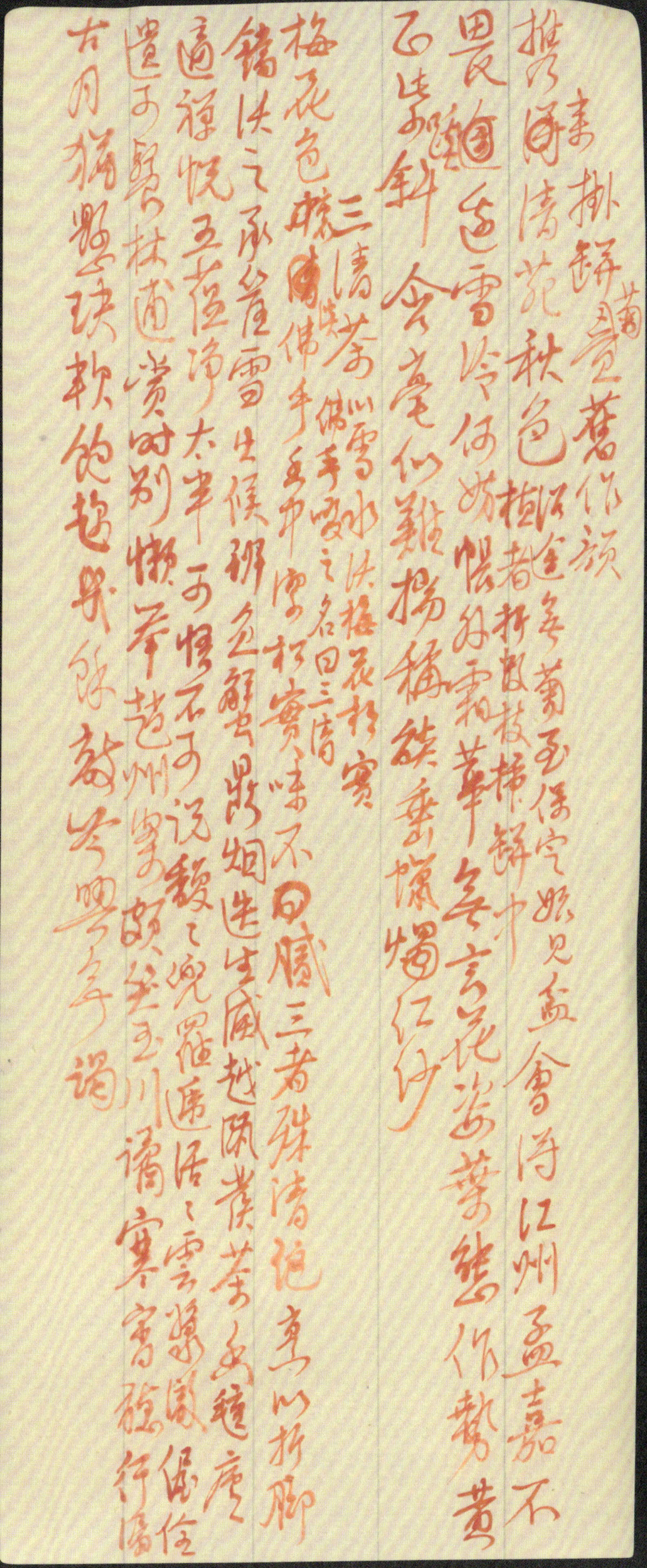

071

弘历书三清茶诗稿

清

纵 22.3 厘米　横 9.0 厘米

故宫博物院藏

《三清茶》诗稿书于乾隆十一年（1746），弘历时年三十六岁。乾隆帝喜茶、懂茶，对茶文化有着独到见解。他曾亲自研创各类茶品，以梅花、佛手、松子烹制的“三清茶”便是一例。乾隆帝于本诗中解释了三清茶的文化意涵，即取色而不妖的梅花、清香明洁的佛手、芳腴不腻的松子三味清绝之物相合，再融雪水加热冲泡，香气清心悦神，故曰“三清”。

（秦崇泰）

072

青花三清茶诗盖碗

清

通高 8.0 厘米　口径 10.9 厘米　足径 4.5 厘米

故宫博物院藏

碗敞口、斜弧壁、圈足。附伞形盖，盖顶置环形钮。全器以青花装饰，外壁及盖面题写楷体乾隆皇帝御制诗：“梅花色不妖，佛手香且洁。松实味芳腴，三品殊清绝。烹以折脚铛，沃之承筐雪。火候辨鱼蟹，鼎烟迭生灭。越瓯泼仙乳，毡庐适禅悦。五蕴净大半，可悟不可说。馥馥兜罗递，活活云浆澈。偓佺遗可餐，林逋赏时别。懒举赵州案，颇笑玉川谲。寒宵听行漏，古月看悬玦。软饱趁儿余，敲吟兴无竭。”末署“乾隆丙寅小春御题”，钤“乾”“隆”圆、方形连珠印。原诗收录于《御制诗初集》卷三十六，题作《三清茶》，题下自注云：“以雪水沃梅花、松实、佛手啜之，名曰三清。”

碗内、外壁近口沿处及近足处各有一周如意云纹，内底中央饰松树、梅花、佛手，外底署篆体“大清乾隆年制”六字三行款。

（蒋艺）

073

剔红三清茶诗盖碗

清

通高 8.5 厘米　口径 12.8 厘米　足径 5 厘米

故宫博物院藏

剔红又称雕漆，是在胎体上髹漆到一定厚度后雕纹饰。此雕漆盖碗又称为“三清茶”碗，是以乾隆皇帝赞咏“三清茶”的诗文作装饰，腹间楷书乾隆皇帝赞咏“三清茶”的五言诗文：“梅花色不妖，佛手香且洁。松实味芳腴，三品殊清绝。烹以折脚铛，沃之承筐雪。火候辨鱼蟹，鼎烟迭生灭。越瓯泼仙乳，毡庐适禅悦。五蕴净大半，可悟不可说。馥馥兜罗递，活活云浆澈。偓佺遗可餐，林逋赏时别。懒举赵州案，颇笑玉川谲。寒宵听行漏，古月看悬玦。软饱趁几余，敲吟兴无竭。”落款为“乾隆丙寅小春御题”，末尾“乾”“隆”篆书圆、方连珠印。丙寅为乾隆十一年(1746)。“三清茶”诗文盖碗是由乾隆皇帝促成的得意之作，因而曾命反复制造，其大小、造型、诗文装饰以及款识等都基本一致。就目前所见的传世品有瓷器、玉器、漆器三大类。漆器又以雕漆、描漆工艺分别制作。

（邢娜）

074

青玉三清茶诗盖碗

清

通高 8.3 厘米　口径 11.0 厘米　足径 4.9 厘米

故宫博物院藏

青玉质圆形碗，侈口、圈足底。上覆圆钮盖。盖及碗外壁雕云纹，刻乾隆御题诗《三清茶》：梅花色不妖，佛手香且洁。松实味芳腴，三品殊清绝。烹以折脚铛，沃之承筐雪。火候辨鱼蟹，鼎烟迭生灭。越瓯泼仙乳，毡庐适禅悦。五蕴净大半，可悟不可说。馥馥兜罗递，活活云浆澈。偓佺遗可餐，林逋赏时别。懒举赵州案，颇笑玉川谲。寒宵听行漏，古月看悬玦。软饱趁几余，敲吟兴无竭。”后落款“乾隆丙寅小春御题”，末尾钤“乾”“隆”连珠印。碗内雕梅花、佛手、松子三清图。碗盖及底足均刻“大清乾隆年制”篆书款。三清茶是以梅花、佛手、松子并以雪水烹制而成的茶品，为乾隆所喜爱。乾隆多次举办重华宫茶宴，与众臣联句集诗，共同品饮三清茶。这类三清茶碗便是专为清宫茶宴所用。

（刘梦媛）

乾隆茶舍

乾隆皇帝品茶、爱茶，亦热衷在行宫别苑中营建茶舍。茶舍成为乾隆皇帝几暇怡情寄意林泉，释放翰墨诗情的最佳休闲之所。

序号	茶舍名称	地点	成立时间
1	露香斋	圆明园九洲清晏	乾隆九年（1744）之前
2	玉乳泉	香山静宜园	乾隆十年（1745）
3	春风啜茗台	万寿山清漪园	乾隆十五年（1750）
4	池上居（又名画禅室、怡情书史）	圆明园或香山静宜园	乾隆十六年（1751）
5	竹炉山房	玉泉山静明园	
6	竹炉精舍	香山静宜园	
7	千尺雪（西苑）	西苑瀛台	
8	千尺雪（热河）	热河避暑山庄	
9	千尺雪（盘山）	盘山静寄山庄	乾隆十七年（1752）
10	试泉悦性山房	香山碧云寺	
11	清可轩	万寿山清漪园	
12	碧琳馆	紫禁城建福宫	
13	玉壶冰	紫禁城建福宫	乾隆十八年（1753）以前
14	焙茶坞	西苑镜清斋	乾隆二十三年（1758）
15	味甘书屋	热河避暑山庄	乾隆二十九年（1764）

*此表根据廖宝秀《乾隆茶舍与茶器》相关内容整理

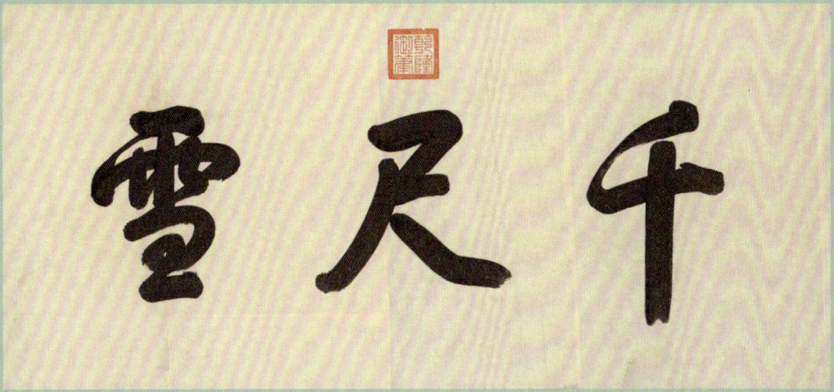

千尺雪

乾隆皇帝吸收江南茶文化，在紫禁城内外创建了诸多茶舍，并制作了配套陈设，以茶引领文化风尚。千尺雪茶舍源自明代赵宧光在苏州营建的寒山别墅，园内飞瀑如雪。乾隆皇帝爱其幽胜，在西苑、承德、盘山三地仿建。

075

提携式花梨木茶具格及配套茶具

清

紫砂泥绘烹茶图壶　通高 16.0 厘米

紫砂泥绘芦雁纹盖罐　通高 15.2 厘米

竹茶炉　通高 20.0 厘米　底座边长 17.0 厘米

青花花卉纹茶缸（两件）　高 5.0 厘米　口径 8.3 厘米　足径 5.0 厘米

海棠式竹茶盘（两件）　高 2.0 厘米　口径通长 16.1 厘米　底径通长 15.2 厘米

花梨木茶具格　高 31.0 厘米　长 33.0 厘米　宽 18.5 厘米

故宫博物院藏

茶具格为可携式、镂空结构，分上、下两部分。上部左侧放置茶缸屉，屉四面雕刻勾莲纹，用于盛放青花花卉纹茶缸两件；右侧置双层木托盘，托盘四面镂刻花卉纹，每层托盘盛放一件海棠式茶盘；下部左侧放置双联镂空六方形底座，用以摆放六方形紫砂茶壶及茶罐；右侧放置竹茶炉。

青花花卉纹茶缸，敞口，外壁以青花装饰花卉纹，外底署"大清乾隆年制"六字三行楷书款。

海棠式竹茶盘，采用贴黄工艺，镌刻花卉纹。

紫砂泥绘烹茶图壶，六方形，短颈，长弯流，附盖。朱红色砂泥，腹部两面有委角长圆形开光，一面开光内堆绘烹茶图，另一面开光内阴刻乾隆御制诗《雨中泛卧游书室有作》，诗后钤"乾""隆"连珠印。

紫砂泥绘芦雁纹盖罐，为茶叶罐，六方形，折肩，短颈，附盖。朱红色砂泥，腹部六面堆绘芦雁纹，一只大雁正欲飞落至芦苇间，其余几只大雁或在觅食、嬉水、鸣叫，纹饰微凸。

竹茶炉，上圆下方结构，以铜作骨，炉膛填土以防火，外为竹编，中间有圆形铁篦相隔。

乾隆皇帝第一次南巡期间深受明代江南文人品茗艺术的影响，回京后便开始在紫禁城、颐和园、承德避暑山庄等御苑兴建茶舍并制作茶器，乾隆御用茶具格通常放置于茶舍。据清宫档案记载，乾隆十六年（1751）至二十五年（1760）是茶具格和茶器的制作高峰。

（张涵）

076

佚名绘弘历观月图轴

清

纵 139 厘米　横 70 厘米

故宫博物院藏

画面主体为乾隆皇帝形象，两位童子侍立在旁。根据满月和身后盛开的桂树形象可判断其时节当为中秋。乾隆帝装扮成汉族文士的样貌，正抬头赏月并准备饮茶。此图应是根据康熙年间冷枚绘制的《赏月图》轴为范本，构图非常相似，只是将赏月品茶的文人主角形象换成了乾隆帝御容，并在画面右侧加画了一套茶具。人物用笔精细，具有典型的清代宫廷西画法特色，其山石、树木、人物等形象可能为多位宫廷画家合绘。

侧身的童子手捧朱漆茶盘，其上为奉给乾隆皇帝的青花盖碗。双层的斑竹茶具中盛放有火壶、茶罐、紫砂茶壶、青花盖碗、贡茶木匣以及炭火屉，还有带盖泉罐和舀水勺等各项茶具，生动地反映了乾隆朝宫廷中的茶具形象。乾隆皇帝非常喜爱品茶，在乾隆皇帝多套行乐图中都有类似茶具组合形象的出现。乾隆帝对茶文化具有特别的贡献，其在多地建有茶舍，大量制作宫廷茶具，并喜爱在各地品茶试泉，也有大量的诗文、绘画都充分反映了其对茶文化的热爱。

（许彤）

097

紫砂泥绘松树图刻御制诗壶

清

通高 9.0 厘米　口径 5.6 厘米　足径 6.6 厘米

故宫博物院藏

此壶为清乾隆时期所制，茶壶敛口、溜肩、圆鼓腹、圈足。壶身两侧分别置弯流和曲柄。附伞形盖，盖顶置圆珠钮。紫红色砂泥，砂质细腻，色调纯正。腹一面长方委角开光内刻乾隆御题《雨中烹茶泛卧游书室有作》七言诗：“溪烟山雨相空蒙，生衣独坐杨柳风。竹炉茗碗泛清濑，米家书画将无同。松风泻处生鱼眼，中泠三峡何须辨。清香仙露沁诗脾，座间不觉芳堤转。”诗后钤“乾”“隆”连珠印。另一面泥绘松树烹茶图，用很细的泥浆慢慢堆画而成，画面生动自然。此壶将紫砂工艺与诗画完美结合，极具艺术价值与文化内涵。

（郑珣）

078

银提梁方火壶

清

高 25 厘米　长 33 厘米　宽 20 厘米

故宫博物院藏

此火壶主要组成部分包括：前方的壶嘴、中间的壶体（带提梁）、后方的手柄。壶体顶面有两个圆形的开口，前面的为送炭口，后面的为注水口。送炭口下面连接竖向内胆，内胆底部为栅栏式，可使燃尽的炭末落入壶底。壶体正面有出炭口，用于清除壶底的炭末；出炭口表面有镂刻纹饰，既美观，又能通风助力炭火燃烧。内胆与壶体之间有较大空间，用于盛装热水。

（王宜若）

079

斗彩团菊纹盖罐

清

高 11.4 厘米　口径 5.7 厘米　足径 6.2 厘米

故宫博物院藏

罐直口圆唇、圆肩、曲腹下斜、隐圈足，盖平顶。胎呈白色，纯净、致密。内、外壁及外底施透明釉，外壁斗彩装饰，圈足足梢无釉、露胎。外壁肩部、近底部各用青花绘一周如意云头纹装饰，并以彩料点染。腹部留白，斗彩绘团花与宝相莲花相间的装饰纹样，团花双朵上下相对，两侧衬以卷叶，宝相花纹以莲花花朵居中，上下绘对称的枝叶。外底居中署青花楷体“大清雍正年制”六字双行外围双圈款。盖面斗彩绘一组与罐身同样的团花，外壁一周绘四组简易的宝相莲花装饰纹。

此罐器型小巧、装饰复杂，兼具实用与陈设功能。相近器型的紫砂器多作为茶叶罐之用，雍正时期档案中曾记录御窑瓷茶叶罐一度作为赏物。在《弘历岁朝行乐图》中绘有一件与此罐相近的斗彩团花纹瓷盖罐，其与紫砂壶、水舀等器共同放置于茶具架格的上层，应属这一时期宫廷饮茶时常用的器物。

（冀洛源）

紫砂泥绘梅花图刻御制诗盖罐

清

高 15.5 厘米　口径 4.0 厘米　足径 4.8 厘米

故宫博物院藏

罐直口、短颈、斜肩、直腹、圈足，伞形器盖，盖顶置宝珠钮，黄色砂泥。器腹一面饰泥绘梅花太湖石图：梅花斜出于湖石缝隙间，花满枝头，或盛开，或含苞。另一面阴刻乾隆帝御制诗《雨中烹茶泛卧游书室有作》，诗后钤有一圆一方连珠印，分别是“乾”“隆”二字。此器一面绘梅花，寓意人品的高尚与纯洁。另一面阴刻御题诗，表达了乾隆帝对烟雨江南、泛舟品茗文人生活的向往。

（张涵）

紫砂泥绘芦雁图“六安”铭盖罐

清

高 12.4 厘米　口径 3.0 厘米　足径 5.0 厘米

故宫博物院藏

罐小口、溜肩、椭圆形腹、隐圈足、子母双套盖，盖面阴刻楷书“六安”二字。砖红色砂泥。器物腹部以极细的泥浆堆绘芦雁图：湖面碧波荡漾，芦苇摇曳，三只大雁或昂首鸣叫、或展翅俯冲，或俯首觅食，姿态各异，展示了一幅安谧和谐的池塘景色。根据档案记载，此类紫砂茶叶罐成造于乾隆时期，由宫廷设计出样，交付宜兴烧制而成。因盖面上阴刻“六安”字样，故此件茶叶罐用于收贮六安茶叶。

（张涵）

082

锡凸花纹茶叶罐

清

通高 23.0 厘米　宽 8.2 厘米

故宫博物院藏

罐中的茶叶加工精细，保存完好；锡罐外壁的正、侧面，以及盖顶分别铸梅花、松树、鹿、蝙蝠等吉祥纹饰。金属锡具有散热快的特点，在民间素来有“但以锡瓶储得清香味”“藏茶须用锡瓶，则茶之色香，虽经年如故”之说。

（王宜若）

083

青花八卦纹铃铛杯

清

高 7.8 厘米　口径 8.0 厘米　足径 2.8 厘米

故宫博物院藏

杯呈铃铛形，口外撇、深弧腹、圈足。内、外以青花装饰，外壁上、下绘火焰纹，腹部以回纹、云纹为点缀，并装饰菱形开光，开光内绘八卦纹。胫部绘仰莲瓣纹一周。内底心绘蛇形变体太极图。外底署青花楷体“大清康熙年制”六字双行款，外围青花双圈。

此杯口大而底小，形似倒置的铃铛，故俗称“铃铛杯”，是明、清时期流行的茶杯形制，也称仰钟杯、金钟杯、磬式杯。此种杯形杯身细长，杯口宽大外敞，适合品茶时聚气闻香，故常被用作茶器。

（蒋艺）

084

矾红彩云龙纹杯

清

高 4.9 厘米　口径 6.1 厘米　足径 3.4 厘米

故宫博物院藏

杯敞口、斜壁、圈足。外壁以矾红彩装饰，绘海水云龙纹，外口沿下及胫部以青花饰双弦纹。外底署青花楷体“大清雍正年制”六字双行方款，外围青花双方框。

据此杯尺寸形制，一般认为是作酒杯之用。但在乾隆初年的《弘历岁朝行乐图》中，可看到画中茶柜内放有类似形制的矾红云龙纹杯，且配有随形金属盖，故推测此类杯或也可作茶盅。

（蒋艺）

大清雍正年製

085

青花海水纹盖碗

清

通高 9.0 厘米　口径 9.0 厘米　足径 3.4 厘米

故宫博物院藏

碗敞口、斜弧壁、圈足。附伞形盖，盖顶置宝珠形钮。全器以青花装饰，盖面满绘缠枝花卉纹，外壁绘海水纹。外底署青花楷体“大清康熙年制”六字双行款，外围青花双圈。

到清代康熙年间，以盖碗饮茶试茗开始盛行。饮茶时，盖碗往往配合随形碗托一起使用，以能作隔热之用。碗托一般多见银、漆、木、锡及瓷等材质。清代宫廷之中，盖碗同样为饮茶的流行器式。

（蒋艺）

大清康熙年製

086

洒蓝釉水缸

清

高 23.6 厘米　口径 36.0 厘米　足径 26.0 厘米

故宫博物院藏

缸唇口、圆腹，腹下收敛，近足处一周突起，圈足。通体洒蓝釉装饰。洒蓝釉是以氧化钴为着色剂的高温色釉，其特点是在浅蓝色或白色釉地上呈现深蓝色不规则斑点。

此缸与《弘历观月图轴》和《弘历岁朝行乐图》中所绘茶具架底层的蓝釉缸相似，与其他茶具一同组合，呈现出清代宫廷饮茶时所使用的器具。

（董彦卿）

087

金爵杯

清

高 11.3 厘米　口径 13.2 厘米　足径 5.9 厘米

故宫博物院藏

金质，仿青铜爵样式，前流后尾，口与流之间立一对菌形柱，杯形腹，器下三尖足。菌形柱上錾刻云纹，腹部外壁刻两周宽带纹，上、下饰蕉叶纹，足部錾刻云纹并镂雕钱币纹。底部刻“大清乾隆年制”篆书款。此爵仿古于商周酒器爵的造型，为祭祀所用的礼器。

（刘梦媛）

088

铜胎画珐琅开光山水花鸟图八棱提梁壶

清

通高 38.1 厘米　口径 9.1 厘米　足径 13.5 厘米

故宫博物院藏

乾隆款画珐琅开光山水花鸟图八棱提梁壶，壶八棱式，高提梁，提梁中央嵌有金星玻璃。曲流，三弯腿架，架内置油壶，用以燃烧加温。器表随形做大开光八个，内彩绘中国传统的山水和花鸟图各四幅，相间排列。盖和颈饰黄地缠枝花卉纹。在画珐琅的装饰之外全部鎏金，且金水浓厚。壶底、盒底均署“乾隆年制”款。此壶造型仿西洋银壶，玲珑别致，是一件融东西方文化于一体的工艺杰作。

（邢娜）

089

大型普洱茶团

清

高 16 厘米　直径 20 厘米

故宫博物院藏

普洱茶产自云南省普洱地区的六大茶山。从档案记载来看，清代普洱贡茶从雍正七年（1729）开始进贡直到清末，有多种规格。此普洱茶团外形呈圆形，茶叶紧压，外层茶叶条理清晰可见，上有金色斑点。从重量上看，该茶团就是档案记载的五斤重团茶，这也是普洱贡茶中体积最大的一类。

（王宜若）

清宫奶茶

内地与游牧民族地区以茶易马、以马换茶，茶的传入丰富了游牧民族的营养结构。从高原到草原，茶与酥油、牛乳碰撞融合，演化出多样的茶饮品种。清代，饮用奶茶成为宫廷茶事的重要组成部分。清宫中的奶茶也叫“奶子茶”，是满族的传统饮品。除日常饮用外，奶茶还出现在庆典、筵宴、围猎等重要活动中，成为国家礼仪制度的一部分，体现着茶文化和乳文化的交流融合。

郎世宁绘《弘历射猎聚餐图》（局部）

故宫博物院藏

图中可见皇家射猎时使用奶茶桶斟奶茶的场景。

清宫奶茶制作：清宫奶茶的配料，大体包括牛乳、奶油、茶叶、盐和水。其中，熬茶所用的牛乳是皇家放养奶牛所产的新鲜奶水，所用茶叶主要为黄茶、普洱茶、安化茶和锅焙茶等，所用的水则是京郊玉泉山之山泉。宫中的熬奶茶者皆为蒙古茶役，是从蒙古找来的熬制奶茶的熟手。熬制时将配料按一定比例炒制、熬煮，最终的成品奶茶味道醇香浓郁，营养丰富。

清宫奶茶用器：清宫奶茶具有日常饮品和礼仪用度的双重性质，其配套的奶茶器具也随之完善。宫中熬制、运输、盛放和储存奶茶的用具主要包括了奶茶桶（又称“多穆壶”）、奶茶壶和奶茶碗三类，其形制各异、材质有别、功用亦不相同。精美的奶茶用器和醇香的奶茶一道构成了清代宫廷独特的奶茶文化。

090

紫漆多穆壶

清

高 60 厘米　口径 8 厘米　足径 16 厘米　最宽处 30 厘米

故宫博物院藏

壶筒状，自上而下设有横箍五周，呈竹节式。僧帽式口沿，一侧曲流，另一侧挂悬铜鎏金链珠。圆形壶盖，上附葫芦式钮。多穆壶是蒙古、藏民族盛装水或酥油茶的器皿，具有浓郁的草原民族特色和风情。

（邢娜）

091

银竹编纹碗

清

高 5.7 厘米　口径 12.3 厘米　足径 4.3 厘米

故宫博物院藏

清代宫廷中用于饮用奶茶的茶具。此奶茶碗内壁为银鎏金。外壁采用了复杂的累丝工艺，将银拉成丝，通过经纬线编织，在表面形成方胜纹等图案。累丝工艺使奶茶碗形制更加美观，银白泛光，显得精致而庄重。

（翟毅）

092

包金银奶茶壶

清

通高 23.5 厘米　口径 10.0 厘米　足径 12.0 厘米

故宫博物院藏

壶银制，局部鎏金錾花。壶口流为龙首形，龙身、龙首曲形手柄，鼓盖，火焰形钮，壶身錾刻花鸟蝴蝶纹，使银壶散发出华丽的宫廷气息。壶的造型粗犷且稳重，这与蒙古、藏族地区的审美情趣相吻合。

（翟毅）

093

铜胎掐丝珐琅勾莲纹多穆壶

清

高 52.0 厘米　口径 10.0 厘米　足径 16.2 厘米

故宫博物院藏

此多穆壶为铜胎掐丝珐琅工艺。僧帽口，兽吞柄，兽吞流，盖顶嵌珊瑚珠为钮。在錾刻鎏金的口沿、横箍和底座上嵌有多色宝石，整体流光溢彩、富丽堂皇。壶通体饰缠枝莲纹，具有典型的清代宫廷装饰风格。足上嵌长方形铜鎏金片，上阴刻“大清乾隆年制”楷书款。

（展梦夏）

094

鎏金银龙柄奶茶壶

清

高 33.0 厘米　口径 14.5 厘米　足径 13.6 厘米

故宫博物院藏

此壶为银质鎏金。龙柄，龙首上有链与盖相连。兽吞钮。盖面阴刻“大清乾隆年制”六字楷书款。壶颈部饰一圈八吉祥纹，腹部光素无纹，圈足饰垂莲瓣纹。此壶风格融合了草原民族与清代宫廷文化。

（邢娜）

095

扎卜扎雅木刻诗句碗

清

碗高 4.0 厘米　口径 13.0 厘米　足径 9.4 厘米
碗套通高 6.0 厘米　径 18.5 厘米
匣通高 6.6 厘米　径 21.5 厘米

故宫博物院藏

扎卜扎雅木碗，旧藏乾清宫。墩式，撇口，里外光素，玉璧形足。足内去地阳文楷书“乾隆御用”。足上以银丝镶嵌隶书御制诗句:“木碗来西藏，草根成树皮。或云能辟恶，藉用祝春禧。枝叶痕犹隐，琳琅货匪奇。徒思荆歙地，二物用充饥。”署“乾隆丙午春（1786）御题”，嵌金丝篆书“比德”印。碗外附铁鋄金穿花龙纹碗套及紫檀木匣各一件。匣面阴刻填金隶书御制诗，诗文与碗底相同，落“寓意于物”方印。

“扎卜扎雅”一词为藏语音译，为“扎卜”与“扎雅”，即“草根”与“树瘤”两词的结合，可以被直译为汉语“根瘤碗”。扎卜扎雅碗进入宫廷，与清代边疆民族首领亲自或派人进京向清帝递呈“丹书克”制度有关，木碗是随附的贡物之一。在清宫中常用来饮奶茶，故称其为“奶子碗”。

（刘思桐）

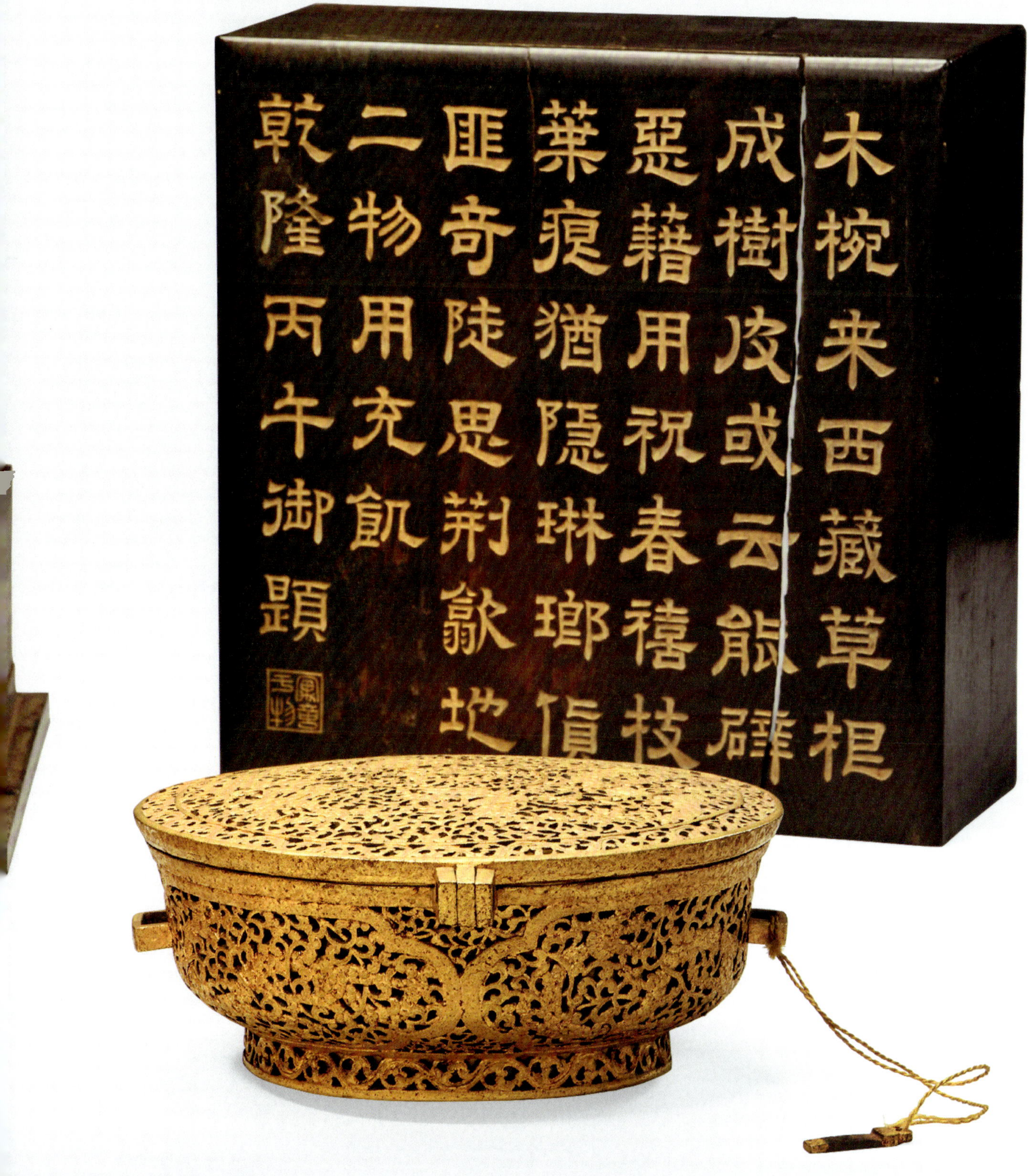
木椀来西藏草根
成樹皮或云能辟
惡藉用祝春禧枝
葉瘦猶隱琳瑯值
匪奇陸思荊歙地
二物用充飢
乾隆丙午御題

096

匏制团寿字勾莲纹银里碗

清

高 3.8 厘米　口径 10.3 厘米　足径 6.3 厘米

故宫博物院藏

此器为范制匏器，碗身模印四组团寿字纹，相间四组勾莲纹，外底重圈内阳文楷书“乾隆赏玩”四字款识，碗内壁衬银里。造型端庄，莲花花瓣分明，形态饱满，线条清晰流畅，可见其制作工艺发达。

范制匏器于康熙年间传入清宫，因其独特的工艺及造型，深受皇帝的重视。据清宫档案以及现存实物资料可见，康熙至乾隆时期宫廷制作匏器的工艺已十分成熟。

（刘思桐）

097

包饰鎏金银镶松石陶奶茶壶

清

通高 27.5 厘米　长 26.5 厘米　宽 22.2 厘米

故宫博物院藏

此壶以陶为胎，呈暗红褐色，素面无装饰，外裹银、铜饰件。壶身装饰精美，两侧自颈底各出三道带状银饰与圈足相接，其在肩部位置各出一鼓钉状装饰，錾卷草纹，鎏金，居中嵌绿松石。这些绿松石排列有序，既展现了高超的镶嵌工艺，又与陶质壶身相得益彰。此茶壶反映了藏族独特的艺术风格和精湛的手工艺水平，具有较高的历史和文化价值。

（张涵）

098

粉彩八吉祥缠枝莲纹多穆壶

清

高 47.0 厘米　口径 9.7 厘米　足径 14.0 厘米

故宫博物院藏

壶呈直筒形，直口、直腹，壶口作僧帽形，圈足。附拱形盖，盖顶置狮子形钮。壶身一侧出长弯流，另一侧置环形柄。全器以粉彩为饰，器身绘缠枝莲托八吉祥纹。盖钮塑一只蹲伏状狮子，狮子睁目、龇牙，狮身绘粉色彩，狮毛绘深绿色彩。壶流及壶柄饰矾红彩，壶流绘饰云凤纹，壶柄作龙形。外底施松石绿色釉，署青花篆体“大清乾隆年制”六字三行款。

多穆壶是蒙、藏、满等民族盛装奶茶或熬制酥油茶的器皿，多穆为藏语发音，即奶茶壶之意。清代宫廷日常及各类筵宴庆典中多饮用奶茶，因此自康熙时期开始，清宫制作有木质、珐琅、漆器、瓷器等各种材质的多穆壶。

（蒋艺）

099

白玉碗

清

高 4.1 厘米　口径 10.2 厘米　足径 6.7 厘米

故宫博物院藏

碗白玉质，撇口、弧腹、圈足。碗外壁阴刻三道弦纹，腹刻“嘉庆御用”隶书款，底刻“乾隆御用”隶书款。此碗用于饮用奶茶，曾被乾隆、嘉庆两位皇帝先后使用。饮用奶茶是清代宫廷生活的一大特点，源自北方少数民族的生活习俗。奶茶既可作为佐餐饮品，也被引入宫廷筵宴，还可用于祭祀供奉。

（刘梦媛）

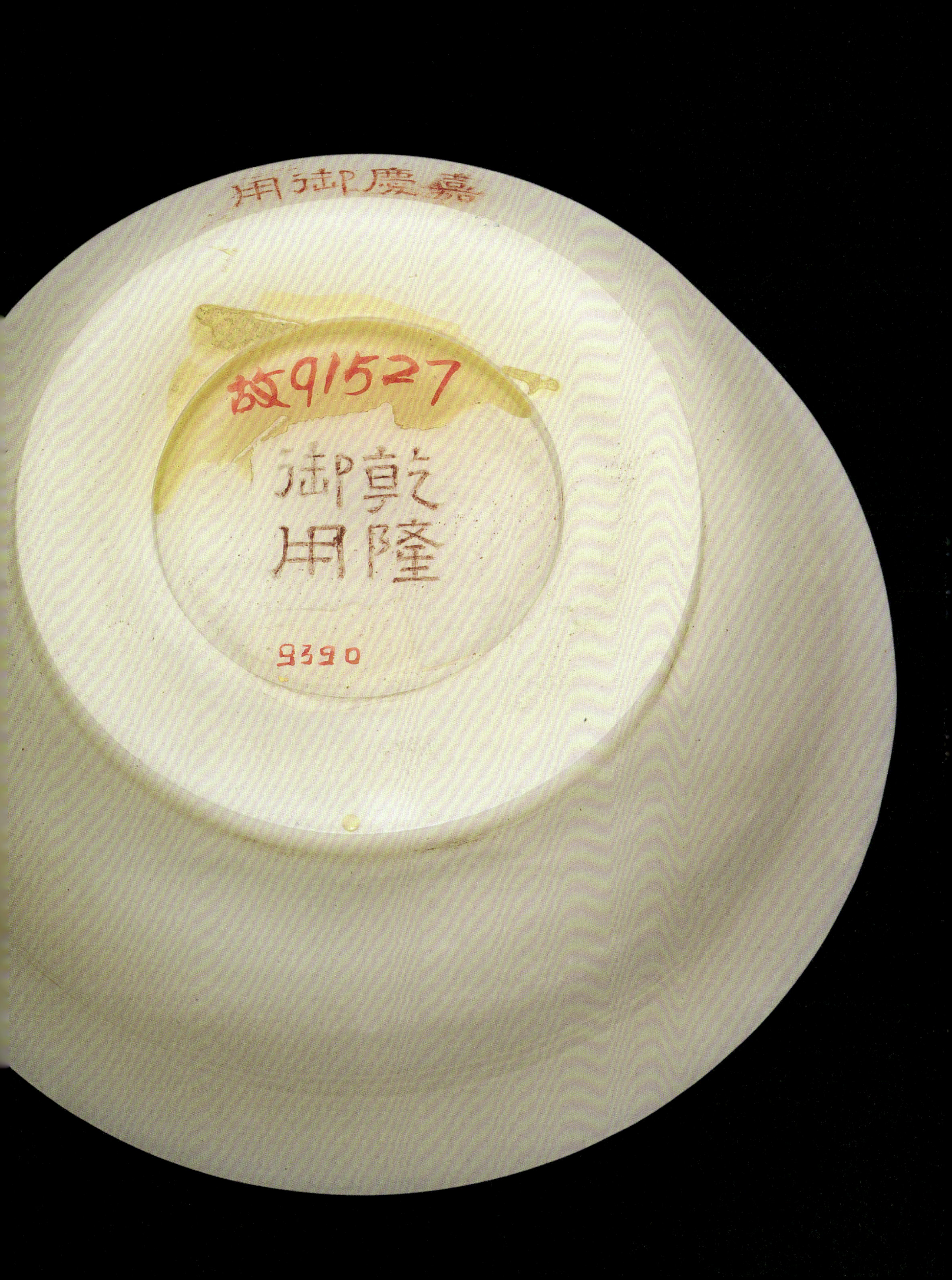
嘉慶御用
故91527
乾隆御用
9390

觀

茶

结语

宋代、清代人饮茶，用逾一千年时光完成了一次繁简之间转换的轮回。茶的饮用方式历经煎、点、煮、泡，由繁入简。在历代茶人不断地努力与改进下，茶包、茶粉等更为便利的饮茶方式走进生活，茶类饮食也在日新月异中丰富着人们的味蕾。古茶新事，异彩纷呈。茶香依旧，其韵绵长。

在流动的时空中，茶逐渐呈现为一种自然的生活状态。在一杯茶之中，可见天地万物，世间万千。

图书在版编目（CIP）数据

观茶 ： “故宫·茶世界”茶文化精品文物展图录 / 故宫博物院, 浙江省博物馆编. -- 杭州 ： 西泠印社出版社, 2025. 2. -- ISBN 978-7-5508-4786-6

I. K875.22

中国国家版本馆CIP数据核字第2025LP1018号

观 茶——“故宫·茶世界”茶文化精品文物展图录

故宫博物院　浙江省博物馆　编

出品人　王凌永
责任编辑　傅笛扬　俞　莺
责任出版　杨飞凤
责任校对　曹　卓
装帧设计　蔡旭荣　齐照静
出版发行　西泠印社出版社
（杭州市西湖文化广场 32 号 5 楼　邮政编码　310014）
经　销　全国新华书店
制　版　杭州掌境文化创意有限责任公司
印　刷　浙江影天印业有限公司
开　本　889mm×1194mm　1/16
字　数　175 千
印　张　18.75
书　号　ISBN 978-7-5508-4786-6
版　次　2025 年 2 月第 1 版　第 1 次印刷
定　价　268.00 元

西泠印社出版社发行部联系方式：0571-87243079